期货投资学实训教程

主　编：蔡祥锋　刘茂平　蔡青青

中国商业出版社

图书在版编目（CIP）数据

期货投资学实训教程 / 蔡祥锋，刘茂平，蔡青青主编. -- 北京：中国商业出版社，2023.12
ISBN 978-7-5208-2771-3

Ⅰ. ①期… Ⅱ. ①蔡… ②刘… ③蔡… Ⅲ. ①期货交易－教材 Ⅳ. ①F830.93

中国国家版本馆CIP数据核字(2023)第236821号

责任编辑：陈　皓
策划编辑：常　松

中国商业出版社出版发行
（www.zgsycb.com 100053 北京广安门内报国寺1号）
总编室：010-63180647　编辑室：010-83114579
发行部：010-83120835/8286
新华书店经销
定州启航印刷有限公司印刷

*

710 毫米 ×1000 毫米　16 开　12 印张　180 千字
2023 年 12 月第 1 版　2024 年 1 月第 1 次印刷
定价：78.00 元

* * * *

（如有印装质量问题可更换）

前　言

期货投资学是一门实战性很强的课程，实训是期货投资学课程教学的重要组成部分。本书作者长期从事期货投资学课程的教学研究与实务，积累了丰富的实训教学经验。

本书主要内容共有八章：第一章为期货投资开户；第二章为期货行情识读；第三章为期货交易流程；第四章为期货交易风险控制；第五章为期货投资价格分析；第六章为期货交易；第七章为期权交易；第八章为期货投资分析报告的写作。本书章节前后有机衔接，逻辑清晰，涵盖期货实务操作的全部内容，每章在介绍实务基础知识点后都有实训操作，能够充分锻炼读者分析问题和解决问题的能力，提高实战操作水平。

本书适用范围如下：第一，可作为高等院校金融学专业本科生的专业课教材；第二，可作为进入期货市场进行投资的新手入门的实操用书；第三，可作为金融业从业人员的培训辅导用书；第四，可作为参加期货从业资格考试者的参考用书。希望读者在读完本书后，能掌握基本的期货交易分析方法和策略，能熟练运用期货这个金融衍生工具进行投资理财，为实现财务自由打开一扇新的大门。

本书由广东技术师范大学财经学院金融系蔡祥锋老师撰稿，并得到了刘茂平老师的鼎力支持，同时蔡青青老师也对本书的写作给予了大力支持。本书在编写过程中参考和借鉴了国内外一些专家和学者的著述，在此一并表示衷心的感谢。

由于作者的水平有限，书中难免存在不足之处，望广大读者不吝指正。

蔡祥锋

2023 年 7 月 18 日于广州

目　录

第一章
期货投资开户

【实训目的】

通过实训，能够熟练掌握期货账户和资金账户的开户流程。在此基础上，开通仿真交易以及模拟交易账户，顺利开展本学期的模拟交易。

【实训内容】

了解个人投资者、一般法人、特殊法人等开立期货账户的流程，开立资金账户与开通第三方存管业务。

通过期货公司开通仿真交易账户。

通过网络开通注册模拟交易账户，申请模拟交易资金。

【实训方式】

老师讲解完相关内容以后，进入期货公司官网了解开立账户流程。

学生根据实训内容开通仿真交易账户。

学生根据实训内容在课堂完成模拟账号注册，课后将模拟交易软件安装在手机或个人电脑上进行交易。

【实训学时】

3 学时左右，具体时间根据实际情况而定。

【实训预期成果】

熟悉真实账户的开户流程，成功开立仿真交易与模拟交易账户。

第一节 期货开户流程

一、期货开户必备条件及开户资料

（一）期货开户必须具备的条件

（1）符合国家法律法规和政策规定的入市交易资格（必须为中华人民共和国国籍，港澳台同胞暂时无法交易国内期货）。

（2）有从事交易必需的资金或资产（交易股指期货最低入市资金50万元，如交易商品期货则最低开户资金1万元）。

（3）开户人和交易执行人须年满18周岁且具有完全民事行为能力。

（二）期货开户须提供的证件或资料

（1）自然人开户（普通投资者）：本人身份证原件以及银行卡；开户人本人必须现场开户。

（2）法人开户（机构投资者）：开户单位的“企业营业执照”副本，法定代表人、指令下达人、资金调拨人的身份证以及“税务登记证”。

二、期货开户详细流程

普通投资者要进行期货交易，首先要履行开立交易账户的手续，选择一个具备合法代理资格、信誉好、资金安全、运作规范的期货公司作为经纪人，委托期货公司代理买卖，从而建立投资者（委托人）与期货公司（代理人）之间的一种法律关系。一般而言，各个期货公司开立账户的程序及所需的文件、资料基本是相同的。随着互联网的发展，期货公司除了线下开户以外，还推出了线上开户服务。详细开户流程如图 1–1 和图 1–2 所示。

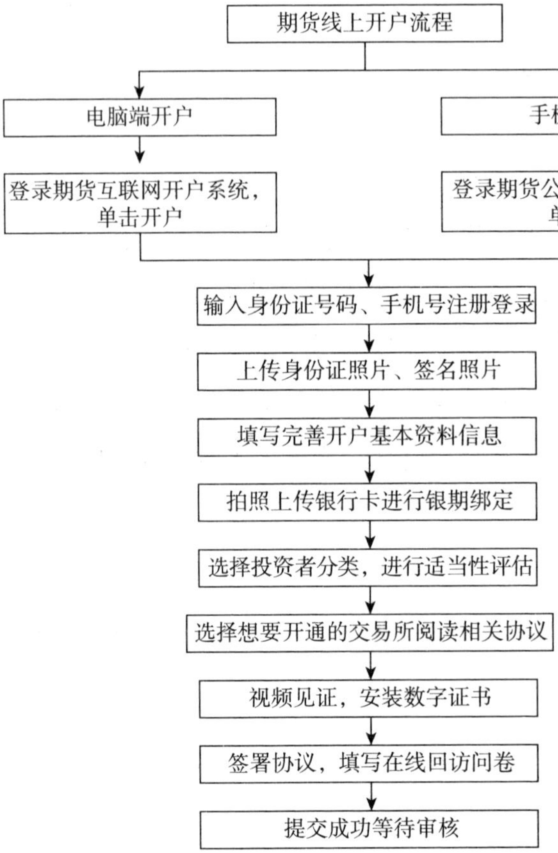

图 1-1　期货线上开户流程

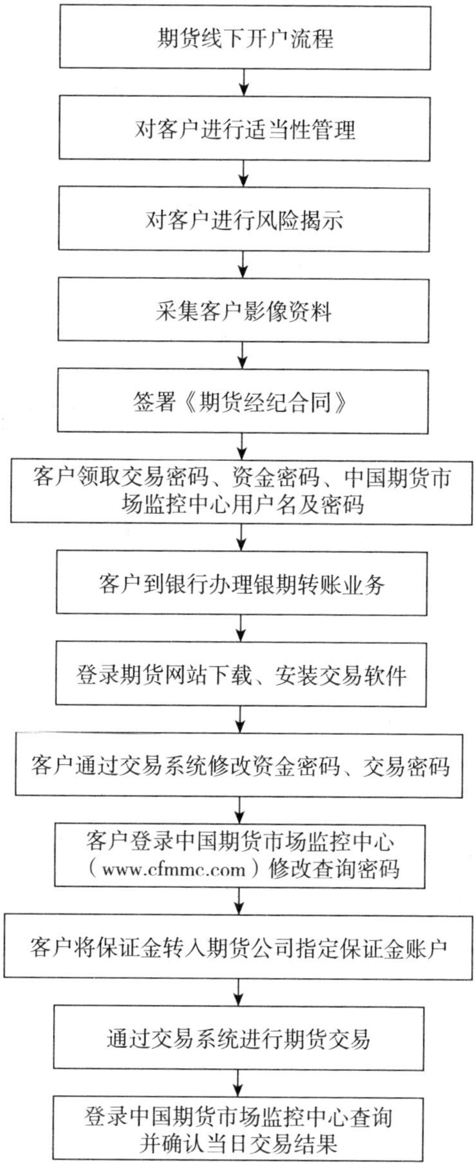

图 1-2　期货线下开户流程

（一）申请开户

投资者选择一个具备合法代理资格、信誉好、资金安全、运作规范的期货公司后，可以向该期货公司提出委托申请，开立账户。开立账户的投资者可以分为个人投资者和法人投资者，法人投资者又分为一般法人投资者和特殊法人投资者。

（二）阅读《期货交易风险揭示书》

期货公司在接受客户开户申请时，必须向客户提供《期货交易风险揭示书》，向客户进行风险提示。个人客户应在认真阅读并理解后，在《期货交易风险揭示书》上签字；单位客户应在认真阅读并理解后，由单位法定代表人在《期货交易风险揭示书》上签字并加盖单位公章。

（三）签署《期货经纪合同》

期货公司在接受客户开户申请时，双方必须签署《期货经纪合同》。个人客户应该在该合同上签字，单位客户应该由法定代表人或授权他人在该合同上签字并加盖单位公章。

个人客户开立账户应提供本人身份证，留存印鉴或签名样卡。单位客户开立账户应提供“企业法人营业执照”复印件，并提供法定代表人及本单位期货交易业务执行人的姓名、联系电话、单位及其法定代表人或单位负责人印鉴等内容的书面材料，以及法定代表人授权期货交易业务执行人的书面授权书。

（四）缴纳期货交易保证金

客户在期货公司签署《期货经纪合同》后，应按规定缴纳开户保证金。期货公司应将客户缴纳的保证金存入《期货经纪合同》指定的客户账户中，供客户进行期货交易。

三、实训操作

选择任一期货 App，让学生熟悉真实账户的开户流程，学生可以登录相关网站熟悉开户流程的各个环节，在熟悉开户流程后学生可以通过线上进行开户，或通过期货营业部线下开户。

（一）登录广发期货官网

学生登录相关网站，选择开户与交易项。

（二）熟悉线上开户

选择开户与交易后，在下拉菜单中单击线上开户，熟悉线上开户流程。

（三）熟悉线下开户

选择开户与交易后，在下拉菜单中单击线下开户，熟悉线下开户流程，详细阅读《期货经纪合同》及不同类型投资者开户的相关流程。

第二节　开立期货仿真交易账户

投资者在申请开立真实交易账户时，根据交易所准入要求规定，投资者必须具有累计不少于10个交易日且20笔及以上的境内交易场所的期货合约或者期权合约仿真交易成交记录。期货仿真交易除了投资者开展真实交易的准入要求以外，它还能让投资者通过仿真交易熟悉期货交易系统、交易模式，增强交易风险意识，构建自己的交易策略，提升交易水平，为实盘交易打下坚实的基础。

一、期货仿真交易开户必备条件及开户资料

期货仿真交易开户条件虽然没有真实交易那么严格和规范，但投资者申请仿真交易账户同样要提供一些真实的基本信息和资料。一般需要提供的资料包括：本人的姓名、手机号码、身份证号码以及常住地址，本人必须保证信息完整真实，否则提交后无法申请开通模拟账户号。申请成功后，期货公司会通过短信形式发送到客户的手机上，然后投资者可以登录期货公司的网站下载仿真交易软件，即可开始期货仿真交易。期货仿真交易除了资金是虚拟的以外，交易规则和程序与真实交易基本一致。

二、期货仿真交易开户详细流程

随着互联网、数字经济金融的快速发展，投资者申请仿真交易账户也越来越快捷、便利。各大期货公司都免费推出了仿真模拟交易服务。下面介绍期货仿真交易开户，具体流程如下。

（一）申请开户

投资者登录相关网站，在开户与交易菜单下拉处选择仿真开户，

然后选择开户申请进入，在弹出的授权书上选择同意，填写开户申请基本信息，最后提交等审核结果。

（二）下载仿真交易软件

申请成功后，期货公司通过投资者提供注册的手机号码以短信的方式把仿真交易账户和密码发送给投资者。投资者下载仿真交易软件，单击下载进入软件下载页面，下载安装完仿真交易软件后，登录交易系统即可进行仿真交易。

三、实训操作

学生按照期货仿真交易开户流程，登录期货公司网站申请开通期货仿真交易账号，下载仿真交易软件。

第三节　开立期货模拟交易账户

期货模拟交易与期货仿真交易的功能和作用类似，都是让投资者通过模拟、仿真交易熟悉期货交易系统、交易模式，增强交易风险意识，构建投资者的交易策略，提升交易水平，为实盘交易奠定基础。但模拟交易与仿真交易还是存在一定差别的。

一、模拟交易与仿真交易的区别

（一）交易系统区别

1. 模拟系统

模拟系统是软件商将真实的行情和价格采集过来，供投资者进行模拟交易，只要有价格就一定能够成交，不管有多少成交量都能够成交。即模拟交易的成交方式与真实市场完全不同，但行情和价格与真实市场相同。模拟系统可以做期货市场上所有品种的交易。

2. 仿真系统

仿真交易系统连接至交易所仿真交易系统，与正式系统一样实行撮合成交，这种成交方式与真实的期货交易一样，就是只有参与仿真环境的买方和卖方才能成交，比如甲想按现价 3000 元 / 吨买 10 手玉米期货，但此时仿真环境中没有人报单，那甲就不能成交。即仿真环境的成交方式与真实市场相同，但行情和价格与真实市场不同。仿真系统不是所有品种都能交易，可交易的品种有限。

（二）交易软件区别

1. 模拟软件

模拟软件可以直接在模拟软件商官网下载，或者在期货公司官网找到软件商和期货公司合作的特定模拟软件下载。

2. 仿真软件

一般仿真软件只能选择通过期货公司下载，不同期货公司合作的软件商不同，可在期货公司官网查看。一般在哪家期货公司开的仿真账号，就在哪家下载仿真软件，否则无法登录。

二、期货模拟交易账户的开立

期货模拟交易账户的开立可以通过期货公司或者软件商进行申请，一般通过手机号码注册即可申请。下面将以同花顺期货通为例演示如何开通期货模拟交易账户。

（一）登录同花顺官网下载同花顺期货通

登录同花顺官网，单击软件下载，进入软件下载中心界面，选择同花顺期货通。

（二）安装同花顺期货通并注册

将同花顺期货通安装在手机或个人电脑上，打开软件输入手机号码并创建登录密码进行注册，获得模拟交易账户和模拟交易密码。

（三）登录期货通进行模拟交易

申请注册通过后，软件商会将模拟交易账户和密码通过手机短信发送给用户，用户可通过账号密码或微信登录期货通进行模拟交易，开启期货模拟投资之旅。

三、实训操作

学生按照期货模拟交易开户流程，登录同花顺网站申请开通期货模拟交易账号，下载模拟交易软件。

第二章
期货行情识读

【实训目的】

通过实训，能熟练阅读期货行情，懂得行情表中的基本图形和术语的含义。

【实训内容】

行情识读常用热键的使用。

通过期货模拟软件识读行情，熟悉四大交易所的主要品种、合约的代码及交易合约资料。

熟悉 K 线基本图形的含义以及相关术语。

【实训方式】

老师讲解以后，学生在实验室利用同花顺期货通模拟软件进行操作，演练实训内容。

【实训学时】

3 学时左右，具体时间根据实际情况而定。

【实训预期成果】

能熟悉使用常用热键，看懂期货行情，熟悉期货合约，掌握基本的图形和术语。

第一节　行情识读

一、常用热键

热键是指投资者在利用行情分析软件时经常使用的键，也称为快捷键，可以通过在键盘上敲击该键立刻显示出投资者想看到的结果。

以“同花顺期货通”为例，各种常用热键的功能见表 2-1。

表 2-1　行情识读常用热键的功能

序号	热键	功能、含义
1	Ctrl+ 鼠标滚轮	分时页面下切换合约
2	鼠标滚轮	缩放 K 线
3	Ctrl+L	盘口显隐
4	Ctrl+W	全屏展示
5	Ctrl+R	查看所属板块
6	Ctrl+F	浮窗隐藏
7	Insert	加入自选
8	Delete	删除自选
9	↓	在 K 线页面缩小 K 线
10	↑	在 K 线页面放大 K 线
11	→	向右移动
12	←	向左移动

续 表

序号	热键	功能、含义
13	PageUp	列表向上翻页
14	PageDown	列表向下翻页
15	Alt+F4	关闭软件
16	F10	合约资料
17	F1	成交明细
18	F2	价量分布
19	F5	K 线页面换成分时图
20	Enter	分时页面回车切换成 K 线
21	Ctrl+J	键盘下单
22	Ctrl+3	账户查询与密码修改
23	Ctrl+2	保证金监控中心
24	Ctrl+1	银期转账
25	Ctrl+E	关闭交易
26	Alt+F2	条件单
27	Alt+F1	画线下单
28	Alt+F3	止损开仓
29	F12	委托下单
30	Ctrl+F12	画线预警
31	Ctrl+Z	撤销上一步
32	Ctrl+C	复制画线
33	Ctrl+Y	隐藏画线
34	Ctrl+T	删除画线
35	Ctrl+F8	K 线反向周期切换
36	Tab	均线显隐

续 表

序号	热键	功能、含义
37	Ctrl+4	四合约分时同列
38	Ctrl+9	九合约分时同列
39	Ctrl+6	六合约分时同列
40	Alt+D	多周期图
41	Alt+P	品种叠加
42	F8	切换 K 线周期图

（资料来源：根据同花顺期货通行情软件整理。）

二、实训操作

投资者张三想了解一下螺纹钢期货 2310 主力合约的行情走势，并对其基本面信息进行分析，看看有没有投资机会，该如何操作？

首先，将输入法切换成英文，在键盘上输入螺纹钢期货 2310 主力合约代码“rb2310”，然后按回车键“Enter”，显示螺纹钢期货主力合约分时图，可以看到这个周期内的分时走势。接着再按回车键“Enter”可以切换成螺纹钢期货主力合约 K 线图，这时可以看到日线周期的 K 线走势。

接着按“F8”键切换成 K 线周期，再看看周线、月线、5 分钟、15 分钟、30 分钟、60 分钟的 K 线走势，可以看到 5 分钟、15 分钟、30 分钟、60 分钟、日线的 K 线走势已经向上了，而周线、月线的走势还在底部。然后，我们再对其基本面信息进行分析，按“F10”键，查看合约资料。先了解螺纹钢期货合约的品种介绍，然后对其供给、需求、库存、进出口进行分析。

单击表 2-1 行情识读常用的 42 个热键，一直到熟练为止。同学们可以找一个合约按照上面的实训示例去操作。

第二节　期货合约

期货合约的各项条款涉及期货交易各方的利益，投资者熟悉期货合约及代码对其熟练进行期货投资操作至关重要。

一、期货合约的主要条款

期货合约的主要条款包括以下几个方面。

（一）合约名称

合约名称包括合约的品种名称、上市期货交易所名称。例如，“上海期货交易所螺纹钢期货合约”。

（二）交易单位

交易单位是指在期货交易所的每手期货合约代表的标的物的数量。期货价格乘以交易单位等于一手期货合约的价值。确定期货合约交易单位的大小主要考虑标的物的市场规模、交易者资金规模、交易所会员结构、商品的现货交易习惯等因素，交易单位大小与此类因素成正比。

（三）报价单位

报价单位是指在公开竞价过程中对期货合约报价所使用的单位，即每计量单位的货币价格，如元（人民币）/ 吨。

（四）最小变动价位

最小变动价位是指在期货交易所的公开竞价过程中，对合约每计量单位报价的最小变动数值，在期货交易中，每次报价的最小变动数值必须是最小变动价位的整数倍。商品期货合约最小变动价位的确定，通常取决于该合约标的物的种类、性质、市场价格波动情况和商业规范等。设置最小变动价位是为了保证市场有适度的流动性——流动性 vs 协商成本。

（五）每日价格最大波动幅度限制

每日价格最大波动幅度限制规定了期货合约在一个交易日中的交易价格波动不得高于（涨停板）或者低于（跌停板）规定的涨跌幅度。每日价格最大波动限制一般是以合约上一个交易日的结算价为基准确定的。每日价格最大波动限制的确定主要取决于该种标的物的市场价格波动的频繁程度和波幅的大小。

（六）合约交割月份

合约交割月份是指某种期货合约到期交割的月份。根据标的商品生产、使用、储藏、流通特点来确定。例如，许多农产品的消费和生产具有很强的季节性，因而其交割月份的规定也具有季节性特点。

（七）交易时间

期货合约的交易时间由交易所统一规定。交易者只能在规定的时间内进行交易，有些品种有夜盘交易时间。

（八）最后交易日

最后交易日是指某种期货合约在合约交割月份中进行交易的最后一个交易日。过期未平仓期货合约，按规定实物交割或现金交割。

根据不同期货合约标的物的现货交易特点等因素来确定。

（九）交割日期

交割日期是指合约标的物的所有权进行转移，以实物交割或现金交割方式了结未平仓合约的时间。

（十）交割等级

交割等级是指由期货交易所统一规定的、准许在交易所上市交易的合约标的物的质量等级。采用国内国际贸易中最通用、交易量较大的标准品的质量等级作为标准交割等级，同时允许替代交割品，价格相应升贴水。

（十一）交割地点

交割地点是指由期货交易所统一规定的进行实物交割的指定地点。指定交割地点可以保证卖方交付的商品符合期货合约规定的数量与质量等级，保证买方收到符合期货合约规定的商品。

（十二）交易手续费

交易手续费是指期货交易所按照成交合约金额的一定比例或成交手数收取的费用。在设置手续费时要合理，手续费过高会增加交易成本，扩大无套利区间，降低交易量，不利于市场的流动性，但可以抑制过度的投机。

（十三）交割方式

期货的交割方式分为实物交割和现金交割两种。实物交割方式适用于商品期货、股票期货、外汇期货、中长期利率期货。现金交割方式适用于股票指数期货和短期利率期货。

（十四）交易代码

期货交易所对每一个期货品种都规定了交易代码，便于投资者交易。例如，上海期货交易所螺纹钢的交易代码为 RB，橡胶的交易代码为 RU，郑州商品期货交易所苹果的交易代码为 AP，大连商品期货交易所玉米的交易代码为 C。

（十五）最低交易保证金

期货交易实行保证金制度，在期货交易中买卖双方必须按照其所买卖期货合约的价值的一定比率（通常为 5% ～ 15%）缴纳保证金，用于结算和保证履约。

二、实训操作

投资者查询期货合约并详细了解期货合约的主要条款是其进行期

货投资前的必要准备工作。投资者张三想查询一下玉米期货主力合约，并想详细了解玉米期货合约的主要条款，该如何操作？

首先，将输入法切换成英文，在键盘上输入玉米期货主力合约代码“C2309”，然后按回车键“Enter”，显示玉米期货主力合约分时图，再按“F10”键，查看合约资料，单击玉米期货主力合约的品种简介，就可以看到玉米期货主力合约简介中的主要条款。

最后，同学们根据上述实训例子熟悉中国金融期货交易所、上海期货交易所、郑州商品期货交易所、大连商品期货交易所、广州期货交易所、上海能源交易所的主力合约的主要条款。

第三节　期货价格信息的识读

期货价格信息反映了市场行为的价、量、时、空等要素，包括价格变动、交易量与持仓量的变化等信息。通过分析期货价格信息，投资者可以对期货价格的未来变动趋势做出预判，指导期货交易。在期货交易所发布的期货行情信息和期货行情软件中，包含了较多的期货价格信息。学生应该能够通过实训，了解和熟悉这些价格信息。

一、期货价格信息

（一）期货整体价格信息

期货价格信息识读可以通过行情软件去获取，以同花顺期货通交易行情软件为例，我们熟悉一下如何获取期货价格信息。

1. 主力合约

首先打开同花顺期货通交易行情软件，然后单击期货栏，可以看到屏幕显示了全部主力和夜盘主力的所有合约，所谓主力合约指的是成交量最大的合约。因为它是市场上最活跃的合约，所有投资者基本上都在参与这个合约。投资者可以通过单击现价和涨幅对所有主力合约进行排序（从高到低或从低到高）来了解当前涨跌幅靠前或价格靠前的合约。

2. 期货全景行情

单击期货全景可以看到各种期货交易所主力合约指数涨幅从高到低的变动情况。中金所的金融期货与股票市场同步，要上午 9 ： 30 才开市。

3. 商品期货指数

商品期货指数作为一个重要的领先经济指标，可以较好地预测我国经济景气度。随着我国经济实力的强大，我国经济与全球经济联系越来越紧密，国内市场与国际市场逐步接轨，我国是全球商品原材料消费大国，对国际原材料和大宗市场的价格波动具有越来越大的影响力。特别是自 2004 年以来，随着中国商品期货品种的日益丰富和完善，商品期货指数更能客观、全面、真实地反映商品期货市场的总体状况，并且连续地描述商品市场的历史，成为一个重要的宏观经济指标。投资者通过查阅行情软件中的主要商品指数了解商品市场的价格变化，更好地预测商品期货未来的价格趋势。

4. 期货套利

期货套利是指利用相关市场或者相关合约之间的价差变化，在相关市场或者相关合约上进行交易方向相反的交易，以期在价差发生有利变化而获利的交易行为。套利交易分为标准套利合约交易和非标准套利合约交易。标准套利合约交易是指交易所提供标准的套利指令，可以按最高单边收取保证金。非标准套利合约交易是两腿分别下单，保证金优惠情况不同交易所有不同规定。投资者可以在标准套利合约交易里选择郑州商品期货交易所、大连商品期货交易所和广州期货交易所的标准套利进行套利。

5. 期货夜盘

期货夜盘是指期货可以在晚上进行交易。在我国的期货市场中，有很多品种都是有夜盘交易的。我国期货夜盘交易是从 2013 年开始的，为了减少国外期货交易所品种波动对国内期货市场造成的影响，减少跳空缺口，我国开始实行夜盘交易。2013 年 7 月 5 日，上海期货交易所在贵金属期货交易开展夜盘，12 月 20 日推广至有色金属期货品种。2014 年 7 月 4 日，大连商品交易所推出了夜盘交易；2014 年 12 月 12 日，郑州商品交易所推出了夜盘交易。投资者可以在同花顺期货通交易行情软件中查看相关的夜盘交易合约。

（二）个别期货价格信息

投资者想要进一步了解某个期货交易所里面的合约，只需单击该期货交易所就可以。例如，我们单击上海期货交易所就会看到在这个交易所上市的所有合约以及最新行情，单击某一个品种，例如，螺纹钢，就会显示其所有合约的行情信息。

可以看到螺纹钢期货有连续 12 个月的合约，其中 rb2310 为主力合约，一般投资者都会选择这个合约进行交易。双击螺纹钢主力合约 rb2310 就会显示其 K 线走势图，从走势图中可以看到目前螺纹钢主力合约的趋势，价格所处的位置，每个周期的价格变动以及成交量。右侧显示了螺纹钢主力合约实时交易的价格变动情况等信息。

在K线走势图页面按回车键“Enter”，显示螺纹钢期货主力合约分时图，可以看到这个周期内的分时走势。按“F8”键切换成K线周期，再看看周线、月线、5分钟、15分钟、30分钟、60分钟的K线走势，对各个周期的K线趋势进行分析。

（三）K线图的价格信息

1. K线图的概念

K线图又称为阴阳线图、蜡烛图，是用每日开盘价、收盘价、最高价、最低价绘制而成的图形。单根K线记录的是某一个合约（或指数）在某一个周期（分、时、天、周、月、季、年）的价格变动情况，由开盘价、收盘价、最高价和最低价构成。收盘价高于开盘价的K线称为阳线，以红色表示，说明在这个周期内买方的力量总体强于卖方；收盘价低于开盘价的K线称为阴线，以绿色表示，说明在这个周期内卖方的力量总体强于买方，如图2-1所示。

将每（日、周、月、季、年）单根的K线按时间顺序排列在一起，就组成了该合约（或指数）自上市以来的每（日、周、月、季、年）的价格变动情况，这就叫（日、周、月、季、年）K线图。通过一组K线的连续排列，反映买卖双方的供求关系，多空力量对比以及价格的波动，进而反映合约价格（或指数）处于上涨、下跌、盘整、筑底的情况。

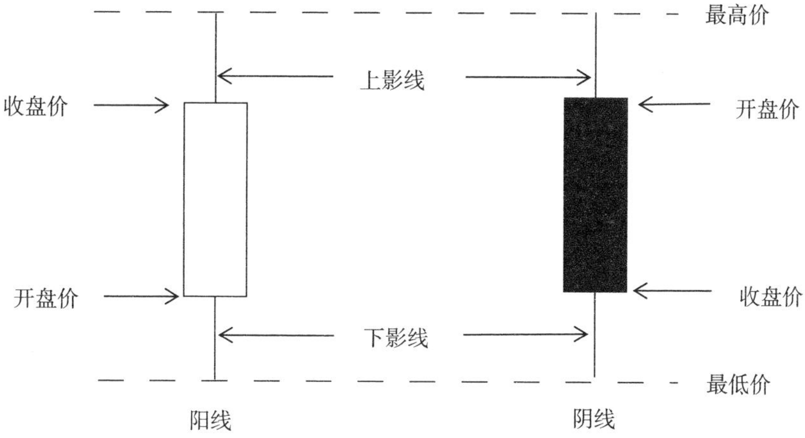

图 2-1 单根 K 线的价格信息

2. 单根 K 线的基本形状及含义

单根 K 线的基本形状如图 2-2 所示。

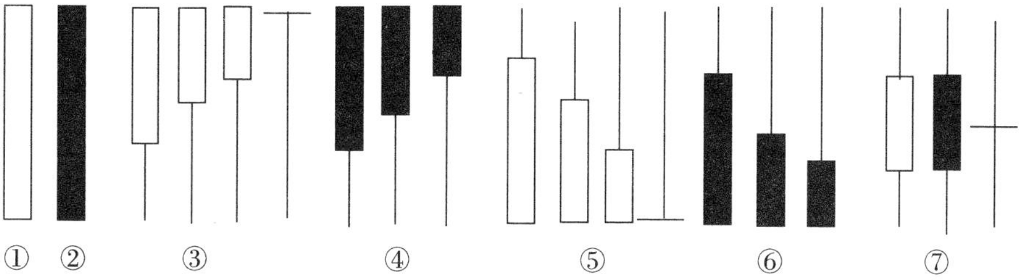

图 2-2 单根 K 线的基本形状

各种 K 线的含义如下：

（1）光头光脚的大阳线（图 2-2 ①），表示最低价开盘，最高价收盘。开盘后买方势强，价格一直上扬到收盘，这种形态表示价格走势非常强劲，后势继续看涨。

（2）光头光脚的大阴线（图 2-2 ②），表示最高价开盘，最低价收盘。开盘后卖方一直势强，价格一路下跌，直到收盘，这种形态表示价格走势非常弱，后势继续下跌。

（3）先跌后涨型（图 2-2 ③），或称有下影线的光头阳线，阳柱越长，下影线越长，走势越强，这种形态走势较强。

（4）下跌抵抗型（图 2-2 ④），或称有下影线的光头阴线，阴柱越长，下影线越短，走势越弱，这种形态比先跌后涨型走势弱。

（5）上升抵抗型（图 2-2 ⑤），或称有上影线的光头阳线，阳柱越长，上影线越短，走势越强。

（6）先涨后跌型（图 2-2 ⑥），或称有上影线的光头阴线，阴柱越长，上影线越长，走势越弱，这种形态总体走势较弱。

（7）反转试探型（图 2-2 ⑦），或称同时有上下影线的光头阳线或阴线，这种形态表示后市将出现相反的走势。

3. K 线组合的基本形状及含义

K 线组合是指由多根 K 线组成的 K 线形态，一般是由两到三根 K 线组成。在实战中，K 线的组合形态只有在连续上涨和连续下跌之后才有一定的意义，还要注意组合 K 线的位置。市场上 K 线组合有多种形态，实战价值较高的有早晨之星、黄昏之星、前进三兵、三只乌鸦等经典组合，投资者结合实战案例进行理解，可以增强投资者的盘感，提升洞察盘面、捕捉交易信号的能力。下面我们介绍一些常见的 K 线组合。

（1）早晨之星。如图 2-3 所示，早晨之星是由三根 K 线组成的 K 线组合形态，其形态特征为：在下降趋势中某一天出现一根抛压强劲的中、大阴线；第二天出现一根向下跳空低开的十字星或者小阳线，并且最高价一般低于第一天的最低价，但跌幅明显缩小并伴随着明显缩量；第三天出现一根跳空向上的中、大阳线。如果早晨之星伴随着上攻明显放量则是一个强烈的趋势反转信号，意味着后市将反转向上。

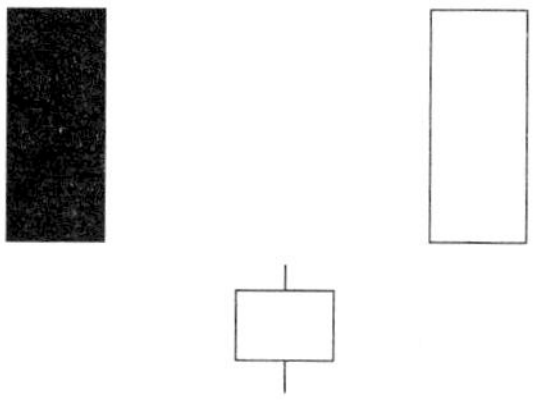

图 2-3　早晨之星 K 线组合

（2）黄昏之星。如图 2-4 所示，黄昏之星是与早晨之星含义相反的 K 线组合形态，其形态特征为：在价格连续暴涨后的某一天出现一根中、大阳线，但伴随着明显的放量；第二天出现一根向上跳空高开的十字星或者小阴线，并且最低价一般高于第一天的最高价；第三天出现一根中、大阴线。情况与早晨之星正好相反，黄昏之星在连续的暴涨后期出现则是强烈的反转信号，意味着后市将反转向下。

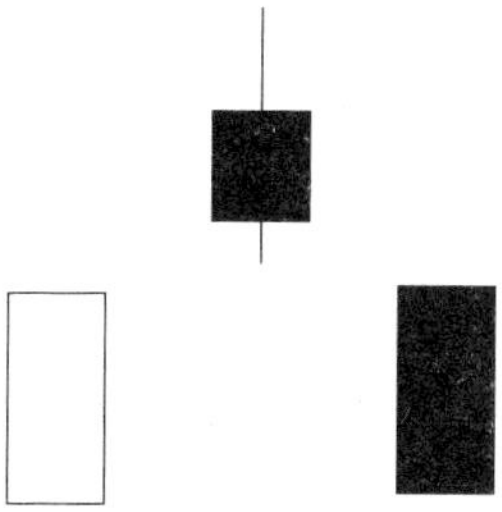

图 2-4　黄昏之星 K 线组合

（3）前进三兵。如图 2-5 所示，为连续三日的小阳线组合，每日的收盘价高于前一日的收盘价，每日的开盘价在前一日阳线的实体之内，也就是每天小幅高开高走，我们称其为“前进三兵”。前进三兵如果发生在长期下跌之后，并伴随着连续的温和放量，这是价格将反转向上的信号，可大胆介入等待上涨。如果前进三兵出现在下跌初期或者下跌途中的中、大阴线之后，三阳不吃一阴并且伴随着缩量，那么一般认为后市还将重回跌势。

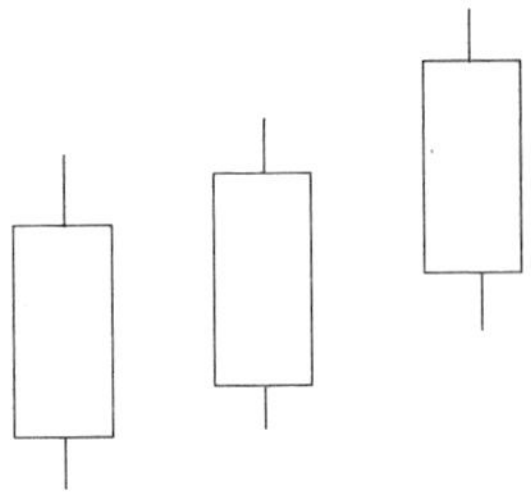

图 2-5 前进三兵 K 线组合

（4）三只乌鸦。如图 2-6 所示，即为三只乌鸦 K 线组合，其是前进三兵倒过来的形态，连续三日的小阴线组合，每日的收盘价低于前一日的收盘价，每日的开盘价在前一日阳线的实体之内，也就是每天小幅低开低走。三只乌鸦如果出现在长期上涨之后且伴随着放量，一般是价格即将见底的标志。如果三只乌鸦出现在上涨初期或者在上涨途中的中、大阳线之后，三阴不吃一阳并且伴随着缩量，那么一般认为是主力制造骗线的洗盘，后市将重拾升势。

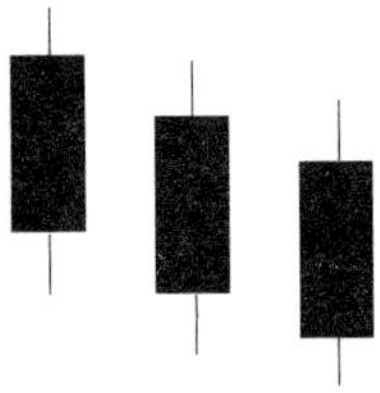

图 2-6 三只乌鸦 K 线组合

（5）孕线。如图 2-7 所示，第一天 K 线中、大阴线（阳线）都可，第二天 K 线实体大幅缩小，最高价和最低价都在前日 K 线的实体内，如同身怀六甲，故名孕线。一般第二天收敛 K 线大幅缩量，预示后市将剧烈变盘，变盘方向要根据当时价格所处的位置而定。

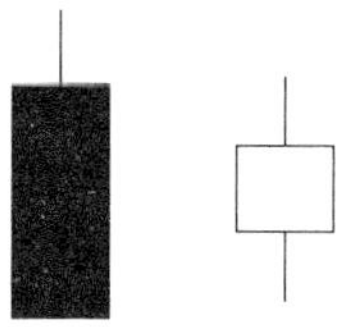

图 2-7　孕线 K 线组合

（6）乌云盖顶。如图 2-8 所示，在连续上升后的某一天收出中、大阳线，第二天出现一根开盘价高于第一天最高点的阴线，但价格全天高开低走，阴线的收盘价大幅低于第一天阳线实体的收盘价，如同乌云蔽日，故名乌云盖顶。如果出现在大幅上涨之后，第二天阴线伴随着巨量，那么一般预示着头部的形成。

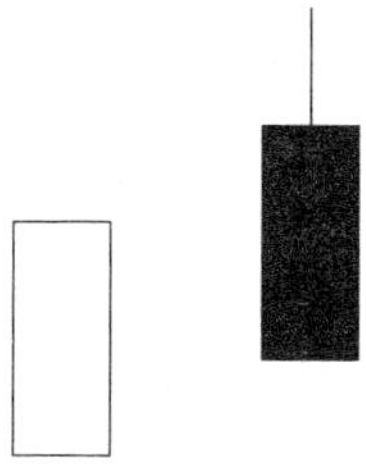

图 2-8　乌云盖顶 K 线组合

（7）中流砥柱。如图 2-9 所示，这一组合与乌云盖顶组合相反。在价格出现阴线下跌之后，又出现阳线，且该阳线令价格升到前阴线实体 1/2 以上。这一组合常常在市场趋势大跌一段，甚至创下地价的时候出现，表示趋势逆转，随后将出现上升行情。

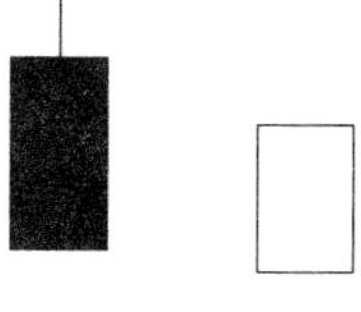

图 2-9　中流砥柱 K 线组合

二、实训操作

了解 2023 年 6 月 15 日星期四收盘时螺纹钢期货主力合约 rb2310 的价格信息。

操作过程如下：

打开同花顺期货通交易行情软件，切换成英文输入法，在键盘上输入代码“rb2310”，按回车键“Enter”进入螺纹钢期货主力合约的 K 线行情走势图。按“F5”键，在日 K 线图和分时走势图之间进行切换。在分时图界面可以看到最新一天的分时走势，还可以看到一条比较平缓的黄色线，这条线是价格均线；另外一条是蓝色线，这条线是实际价格线，围绕着均线上下波动，与均线相比，其波动较大。

再一次按“F5”键切换到日 K 线图，2023 年 6 月 15 日的 K 线是最新的一根 K 线。在日线图中，把鼠标箭头指向 2023 年 6 月 15 日的 K 线，可以看到当天的日 K 线是一根带有较长下影线和较短上影线的阳线，价格整体是上涨的，表示今天买方力量大于买方，将鼠标放在这根 K 线上，左侧会马上显示一个数据窗口，窗口显示：当日开盘价为 3744，最高价 3770，最低价 3713，收盘价 3760，涨跌 +22，涨幅 +0.59% 等价格信息。日 K 线右侧的窗口显示了最新一天的信息。在 2023 年 6 月 15 日收盘时，螺纹钢期货主力合约的日 K 线图右侧上部分显示的价格信息是：从卖 4 到卖 1 的委托价格分别为 3763、3762、3761、3760；从买 1 到买 4 的委托价格分别为 3759、3758、3757、3756；最新价 3760 元上涨 22 元，涨幅 0.59%。中间的盘口数据显示了开盘价 3744、涨停价 4149、跌停价 3326、最高价 3770、最低价 3713、均价 3743、量比 0.96、日增仓 37571、持仓 194.82 万、成交量 184.90 万等信息，窗口的下面显示了每分每秒的成交明细。

双击成交明细的任何一栏就会调出螺纹钢期货主力合约当日全部的成交明细信息，滚动鼠标滑轮进行查看。

接下来，每一位学生打开“同花顺期货通”行情分析软件，查看整体的期货价格信息，然后选中某一个主力合约查看、了解其价格信息。按第二部分的实训示例进行实训操作，并分析当日收盘时 K 线的形态，进一步寻找该合约历史 K 线出现过哪些 K 线组合形态（早晨之星、黄昏之星、前进三兵、三只乌鸦等经典组合）。

第四节　期货行情常用名词和术语

投资者在进行期货行情分析时经常会看到一些期货行情常用名词和术语，熟悉与了解这些名词和术语对期货投资分析具有重要的作用。

一、常用名词和术语

在行情软件上常用名词和术语如下所述。

（一）持仓量

持仓量是指买卖双方开立的还未实行反向平仓操作的合约数量总和。持仓量的大小不仅反映了市场交易规模的大小，也反映了多空双方对当前价位的分歧大小。

（二）内盘、外盘

期货中的内盘、外盘等同于股票软件中的内盘、外盘。例如，委托以卖方成交的纳入“外盘”，委托以买方成交的纳入“内盘”。“外盘”和“内盘”相加为成交量。在分析时，由于卖方成交的委托纳入外盘，如果外盘很大，则意味着多数卖的价位都有人来接，显示买势强劲；而以买方成交的纳入内盘，如果内盘过大，则意味着大多数的买入价都有人愿意卖，显示卖方力量较大；如果内盘和外盘大体相近，则买卖力量相当。

（三）总手

总手是指截至现在的时间，此合约总共成交的手数。

（四）昨结

昨结是指昨天的结算价（不同于昨天的收盘价）。结算价是指某一期货合约最后一小时成交价格按成交量的加权平均价。如果该合约为新上市合约，则当日结算价计算公式为：

合约结算价＝该合约挂盘基准价＋基准合约当日结算价－基准合约前一交易日结算价。

（五）委比

委比是指用以衡量一段时间内买卖盘相对强度的指标，其计算公式为：

委比＝[（委买手数－委卖手数）÷（委买手数＋委卖手数）]×100%

（六）仓差

仓差是持仓差的简称，指目前持仓量与昨日收盘价对应的持仓量的差。仓差为正表示今天的持仓量增加，仓差为负表示今天的持仓量减少。持仓差就是持仓的增减变化情况。例如，今天 11 月股指期货合约的持仓为 6 万手，而昨天是 5 万手，那今天的持仓差就是 1 万手了。另外，在成交栏里也有仓差变化，在这里是指现在这一笔成交单引发的持仓量变化与上一笔的即时持仓量的对比，是增仓还是减仓。

（七）多开

多开是多头开仓的简称，指持仓量增加，但持仓量的增加值小于现量，且为主动买盘。

（八）空开

空开是空头开仓的简称，指持仓量增加，但持仓量的增加值小于现量，且为主动卖盘。

（九）双开

双开是指某笔成交中，开仓量等于现量，平仓量为零，持仓量增加，差值等于现量，表明多空双方均增仓。

（十）双平

双平是指某笔成交中，开仓量等于零，平仓量为现量，持仓量减少，差值等于现量，表明多空双方均减仓。

（十一）多换、空换

多换、空换是多头换手、空头换手的简称，当原来持有多头的交易者卖出平仓，但新的多头又开仓买进时称为“多头换手”，而“空头换手”是指原来持有空头的投资者在买进平仓，但新的空头在开仓卖出。

（十二）多平、空平

多平、空平是多头平仓、空头平仓的简称，多头平仓指持仓量减少，但持仓量的增加绝对值小于现量，且为主动卖盘；空头平仓指持仓量减少，但持仓量的增加绝对值小于现量，且为主动买盘。

二、实训操作

在期货交易时间内或当天收盘后，老师选择一个主力合约去熟悉其行情相关名词和术语的含义。例如，螺纹钢期货主力合约 rb2310 在 2023 年 6 月 15 日收盘时的如下信息：持仓量、成交量、总手、委比、内盘、外盘、昨结等。

学生在老师演示操作后选择一份合约进行操作，熟悉期货行情的相关名词和术语，并理解其含义。

第三章
期货交易流程

【实训目的】

熟悉期货交易规则、常用术语及流程，通过实训，能够熟练地进行期货交易。

【实训内容】

熟悉期货交易规则、常用术语的含义以及期货交易流程。

通过期货模拟软件进行交易操作。

【实训方式】

老师讲解以后，学生在实验室利用同花顺期货通模拟软件进行操作，演练实训内容。

【实训学时】

3 学时左右，具体时间根据实际情况而定。

【实训预期成果】

能够熟悉期货交易规则及常用术语，学生在实训课室进行实际操作，教师进行现场观察，看学生是否掌握了期货交易流程。

学生进行模拟交易，可参加各种期货模拟大赛。

第一节　期货交易规则及常用术语

一、期货交易规则

为了维护期货交易的“三公”原则与期货市场的高效运行，对期货市场实施有效的风险管理，期货交易所制定了相关的制度和交易规则。本部分主要介绍期货的一些核心交易规则。

（一）期货是保证金交易规则

期货交易实行保证金制度。在期货交易中买卖双方必须按照其所买卖期货合约价值的一定比率（通常 5% ～ 15%）缴纳保证金，用于结算和保证履约。如果保证金比率为 10%，那就意味着 10 倍的杠杆，此时风险和收益均会放大。如果投资者有 10 万元自有资金全仓交易就可以买卖 100 万元价值的期货，此时，如果期货价格波动 +10%，投资者即可获利 +100%。反之，则会亏掉所有本金。

（二）对冲机制及双向交易规则

期货交易投资者可以通过对冲方式来解除履约责任。开仓买入的可以通过卖出平仓来对冲，不用进行实物或现金交割，开仓卖出的同样可以通过买入平仓来对冲。期货的双向交易规则指的是期货既可以开仓做多，也可以开仓做空，预测未来价格上涨可以开仓做多，预测未来价格下跌可以开仓做空。

（三）期货实行 T+0 交易规则

不同于股票市场的 T+1 交易机制，即当天买入的股票最快也只能第二个交易日才可以卖出，而期货市场实行的是 T+0 的交易机制，当天开仓（买入或卖出）随时都可以平仓（卖出或买入）。

（四）期货采用强制平仓规则

强制平仓是指按照有关规定对会员或客户的持仓进行平仓的一种强制措施，目的是控制期货交易风险。强制平仓有两种情形：一是因账户交易保证金不足，且不追加保证金或自动减仓，而实行强制平仓；以避免账户损失扩大，防止风险扩散；二是因会员（客户）违反持仓限额制度而实行强制平仓。强制平仓成为持仓限额制的有力补充。

（五）持仓限额及大户报告规则

持仓限额规则是指交易所规定会员或客户可以持有的、按单边计算的某一合约投机头寸的最大数额。大户报告规则是指当交易所会员或客户某品种一合约持仓达到交易所规定的持仓报告标准时向交易所报告。该规则有利于交易所及时对持仓量较大的客户进行重点监控，了解其持仓动向、意图，防范操纵市场价格行为，防止市场风险过度集中于少数投资者。

（六）当日无负债结算制度

当日无负债结算制度又称为“逐日盯市”，是指每日交易结束后，交易所按当日各合约的结算价结算所有合约的盈亏、交易保证金及手续费、税金等费用，对应收应付的款项实行净额一次划转，相应增加或减少会员的结算准备金。会员单位按照同样的方法对客户进行结算，盈利部分划入客户保证金，亏损部分从客户保证金划出。这一规则对控制期货市场风险、维护期货市场的正常运行具有重要的作用。

二、期货交易常用术语

（一）交易价格相关的术语

1. 各种交易价格

（1）昨收市价，是指前一交易日的最后一笔成交价格。

（2）开盘价，是指当日某商品的第一笔成交价。

（3）收盘价，是指当日某商品最后一笔成交价。

（4）最高价，是指当日某商品最高成交价。

（5）最低价，是指当日某商品最低成交价。

（6）最新价，是指当日某商品当前最新成交价。

（7）成交价，是指某一期货合约的最新一笔交易定价。

（8）买价，是指某商品当前最高申报买入价。

（9）卖价，是指某商品当前最低申报卖出价。

2. 结算价

对于商品期货，结算价为当日所有交易的加权平均价。对于股指期货，结算价为最后一小时的交易的加权平均价。

3. 价格波幅

（1）涨跌幅，是指当日收盘价与昨日结算价之间的价差。

（2）停板，是指由交易所逐日为每种合约规定的最大价格波动幅度（范围）。

（3）涨停板，是指某商品当日可输入的最高限价（等于昨日结算价 + 最大变动幅度）。

（4）跌停板，是指某商品当日可输入的最低限价（等于昨日结算价 - 最大变动幅度）。

（二）交易量相关的术语

1. 成交量、持仓量

成交量、持仓量是指某一时间内买进或卖出的商品期货合约数量，通常为一个交易日的成交合约数。尚未经相反的期货或期权合约相对冲，也未进行实货交割或履行期权合约的某种商品期货或期权合约。

2. 开仓量、平仓量

开仓量是指每一笔成交量中新开仓的数量，平仓量是指每一笔成交量中平仓的数量。

（三）交易策略相关的术语

1. 开仓、加仓、平仓

（1）开仓在期货交易中通常有两种操作方式，一种是看涨行情做多头（买方），另一种是看跌行情做空头（卖方）。无论是做多或做空，下单买卖就称之为“开仓”。

（2）加仓是指因持续看好某个合约，而在该合约价格下降或上升的过程中继续追加开仓的行为。

（3）平仓是指买入后卖出，或卖出后买入结算原先所做的新单。

2. 质押

质押是指会员提出申请并经交易所批准，将持有的权利凭证移交交易所占有，作为其履行交易保证金债务的担保行为。权利凭证质押仅限于交易保证金，但亏损、费用、税金等款项均须以货币资金结清。

3. 套期保值交易

套期保值交易指在期货市场上买入（或卖出）与现货市场交易方向相反、数量相等的同种商品的期货合约，进而无论现货供应市场价格怎样波动，最终都能取得在一个市场上亏损的同时在另一个市场盈利的结果，并且亏损额与盈利额大致相等，从而达到规避风险的目的。

4. 多头套期保值

多头套期保值是指交易者先在期货市场买进期货，以便在将来现货市场买进时不至于因价格上涨而给自己造成经济损失的一种期货交易方式。

5. 空头套期保值

空头套期保值是指交易者在期货市场卖出期货合约，以防止将来卖出现货商品时因价格下跌而导致的损失。当卖出现货商品时，将先以前卖出的期货合约通过买进另一数量、类别和交割月份相等的期货合约相对冲，以结束保值。空头套期保值又称为卖期保值。

6. 套利

套利是投资者或对冲者都可以使用的一种交易技术，即在某市场买进现货或期货商品，同时在另一个市场卖出相同或类似的商品，并希望两个交易会产生价差而获利。

7. 投机交易

投机交易是指在期货市场上以获取价差收益为目的的期货交易行为。投资者根据自己对期货价格走势的判断，做出买进或卖出的决定，如果这种判断与市场价格走势相同，则投资者平仓出局后可获取投资利润；如果判断与价格走势相反，则投资者平仓出局后承担投资损失。

8. 买空、卖空

相信价格会涨并买入期货合约称为“买空”或“多头”，也即多头交易。看跌价格并卖出期货合约称为“卖空”或“空头”，也即空头交易。

9. 逼仓

逼仓是指期货交易所会员或客户利用资金优势，通过控制期货交易头寸或垄断可供交割的现货商品，故意抬高或压低期货市场价格，超量持仓、交割，迫使对方违约或以不利的价格平仓以牟取暴利的行为。根据操作手法不同，逼仓又可分为“多逼空”和“空逼多”两种方式。

（1）“多逼空”。“多逼空”是指在一些小品种的期货交易中，当操纵市场者预期可供交割的现货商品不足时，即凭借资金优势在期货市场建立足够的多头持仓以拉高期货价格，同时大量收购和囤积可用于交割的实物，于是现货市场的价格同时升高。这样当合约临近交割时，迫使空头会员和客户要么以高价买回期货合约认赔平仓出局；要么以高价买入现货进行实物交割。

（2）“空逼多”。空逼多是指操纵市场者利用资金或实物优势，在期货市场上大量卖出某种期货合约，使其拥有的空头持仓大大超过多方能够承接实物的能力。从而使期货市场的价格急剧下跌，迫使投机多头以低价位卖出持有的合约认赔出局，或出于资金实力接货而受到违约罚款，从而牟取暴利。

10. 实物交割

实物交割是指期货合约的买卖双方在合约到期时，根据交易所制定的规则和程序，通过期货合约标的物的所有权转移，将到期未平仓合约进行了结的行为。商品期货交易一般采用实物交割的方式。

11.现金交割

现金交割是指到期未平仓期货合约进行交割时，用结算价格来计算未平仓合约的盈亏现金支付的方式，最终了结期货合约的交割方式。

三、实训操作

在期货交易时间内或当日收盘后，老师选择一个主力合约去对交易相关术语进行解读，让学生理解熟悉术语的含义。

学生自行上网查阅各个交易所的交易规章制度，按照实训示例进行操作，熟悉期货交易的相关名词和术语，并理解其含义。

第二节　期货交易流程

投资者在按规定缴纳开户保证金后，就可以委托下单，进行期货交易。但在交易之前，投资者一定要做好基本面和技术面的分析，决定开仓方向进行下单。

一、委托下单

委托下单是指客户在进行每笔交易前向期货公司业务人员下达交易指令，说明拟买卖合约的种类、数量、价格等行为。交易指令的内容一般包括期货交易的品种及合约月份、交易方向、数量、价格、开仓、平仓等。常用的交易指令主要有以下几种。

（一）市价指令

市价指令是指不限定价格的、按照当时市场上可执行的最优报价成交的指令。市价指令的未成交部分自动撤销。客户在下达这种指令时无须指明具体的价位，而是要求期货经纪公司出市代表以当时市场上可执行的最好价格达成交易。这种指令的特点是成交速度快，按市价成交。

（二）限价指令

限价指令是交易所明确规定的只有在某一价格水平才可执行的客户交易指令。即以指定价格买进或卖出的指令，客户指定一个价格，经纪人必须以该价格，或比该价格更好的价格进行交易。限价指令如果是买入时，其指令所限定的价格必须低于当时的市场价格；如果是卖出时，订单所限定的价格必须高于当时的市场价格。限价指令的特点：按客户的预期价格成交，但成交速度相对较慢，甚至无法成交。

（三）停止限价指令

停止限价指令是指当市场价格达到客户预先设定的触发价格时，即变为限价指令予以执行的一种指令。

（四）止损指令

止损指令是指当市场价格达到客户预计的价格水平时即变为市价指令予以执行的一种指令。客户利用止损指令，既可以有效地锁定利润，又可以将可能的损失落至最低限度，还可以较小的风险建立新的头寸。

（五）触价指令

触价指令是指市场价格只要触及客户所规定的价格水平时就生效的指令。当市场价格触及指定价格时才执行买进或卖出动作。一旦市场价格达到了客户事先设定的价格，这份指令就成为市价指令，这时经纪人就可以争取以最佳的价格为客户达成交易。但是，如果市场价格没有到达设定的价格水平，这份指令就无法生效。市场价格达到指定价位时以市价指令予以执行。

（六）限时指令

限时指令，又称为期限委托单，是一种要求限定在某一时间段内交易的常用交易指令，如果在这段时间内指令没有得到执行，将会自动取消。限时指令分为开盘购进指令、开盘售出指令、收盘购进指令和收盘卖出指令。开盘购进指令和开盘售出指令是委托经纪人在指令发出当日交易所开盘后立即买入或卖出标的的指令；而收盘购进指令和收盘卖出指令即在指令发出当日交易所收盘时以最好的价格买入或卖出标的的指令。

（七）长效指令

长效指令是指除非成交或由委托人取消，否则持有有效的交易指令。

（八）套利指令

套利指令是指同时买入和卖出两种或两种以上期货合约的指令。

（九）取消指令

取消指令又称为撤单，是要求将某一指定指令取消的指令。

我国交易所普遍采用市价指令、限价指令和取消指令。此外，郑州商品交易所还采用了套利指令，大连商品交易所采用了套利指令、止损指令和停止限价指令，指令当日有效。

二、开仓、加仓、平仓

以同花顺期货通模拟交易为例，期货交易流程为：投资者在经过详细的基本面和技术面分析后，决定下单交易。例如，投资者决定看多，螺纹钢期货主力合约 rb2310，在螺纹钢期货主力合约 rb2310K 线图界面下，单击右下角“期货户”按钮，输入模拟交易账户与密码登录交易界面，或通过上方交易栏进入模拟交易。

登录交易账户后，会显示交易界面。依据基本面和技术面的分析决定开仓做多，在三键下单栏中单击买多，按最新价交易，输入数量 10 手，每手 10 吨。如果按最新价成交了，那么交易账户就有 10 手螺纹钢主力合约 rb2310 的持仓。

从持仓情况可以看到合约的总价值，缴纳的保证金金额、资金占比、盈亏情况等信息。

若投资者判断正确，或者坚信看多，当持仓向预期方向走时，可以适当进行加仓，但要采取金字塔式的加仓策略。所谓金字塔式加仓法是指初始进场的资金量比较小，后市如果行情方向一致，逐步加仓，加仓比例越来越小。仓位控制呈下方大，上方小的形态，像一个金字塔。

达到盈利目标或者看错方向要及时止损时，投资者可以将持仓合约进行平仓，平完仓后可以在资金栏那里查看平仓盈利、手续费以及资金情况等信息，可以看到这笔交易平仓亏损460元，手续费205.30元。

投资者可以通过进入“交易—期货交易—账户分析”去分析账户的盈亏以及成交明细等详细信息。

三、结算

结算是指根据交易所公布的结算价格对交易账户的交易盈亏状况进行的资金清算和划拨。期货交易结算由期货交易所统一组织。期货公司承担对客户的账户结算、收取和追收客户保证金等工作。

1. 交易所对会员的结算公式与运用

（1）交易所对会员的结算公式。

当日结算准备金余额 = 上一交易日结算准备金余额 + 上一交易日交易保证金 – 当日交易保证金 + 当日盈亏 + 入金 – 出金 – 手续费

当日盈亏(商品)= Σ [(卖出成交价 – 当日结算价) × 卖出数量]+ Σ [(当日结算价 – 买入成交价) × 买入数量]+ Σ [(上一交易日结算价 – 当日结算价) × (上一交易日卖出持仓量 – 上一交易日买入持仓量)]

当日交易保证金 = Σ [当日结算价 × 当日交易结束后的持仓总量 × 交易保证金比例]

（2）举例运用。

【例3–1】某会员在4月1日开仓买入大豆期货合约40手(每手10吨)，成交价为4000元/吨，同一天该会员平仓卖出20手大豆合约，成交价为 4030 元 / 吨，当日结算价为 4040 元 / 吨，交易保证金比例为 5%。该会员上一交易日结算准备金余额为 1100000 元，且未持有任何期货合约。则客户的当日盈亏（不含手续费、税金等费用）情况为

当日盈亏 =(4030−4040) × 20 × 10+(4040−4000) × 40 × 10=14000（元）

当日结算准备金余额 =1100000−4040 × 20 × 10 × 5%+14000=1073600（元）

2. 期货公司对客户的结算

期货公司对客户的交易进行结算。按照盈亏计算方式的不同，可以分为逐日盯市和逐笔对冲两种结算方式。

客户的交易结算单一般分为“资金状况”“持仓明细”“持仓汇总”三部分。下面对交易结算单中的主要项目进行说明：

（1）平仓盈亏 = 平历史仓盈亏 + 平当日仓盈亏。

平历史仓盈亏 = Σ [(卖出平仓价 − 上一交易日结算价) × 卖出数量]+ Σ [(上一交易日结算价 − 买入平仓价) × 买入平仓数量]

平当日仓盈亏 = Σ [(当日卖出平仓价 − 当日买入开仓价) × 卖出数量]+ Σ [(当日卖出开仓价 − 当日买入平仓价) × 买入平仓数量]

（2）浮动盈亏 = Σ [(当日结算价 − 成交价) × 买入持仓量]+ Σ [(成交价 − 当日结算价) × 卖出持仓量]。

（3）保证金占用 = Σ (当日结算价 × 持仓手数 × 交易单位 × 保证金比例)。

（4）客户权益 = 上日结存 + 出入金 + 平仓盈亏 + 浮动盈亏 − 当日手续费。

（5）可用资金 = 客户权益 − 保证金占用。

四、交割

交割是指期货合约到期时，按照期货交易所的规则和程序，交易双方通过该合约所载标的物所有权的转移，或者按结算价进行现金差价结算，了结到期未平仓合约的过程。交割是联系期货与现货的纽带，促使期货价格与现货价格趋向一致的制度保障。当市场过分投机，出现期货价格严重背离现货价格时，交易者就会在两个市场之间进行套利交易。通过交割，期货、现货两个市场得以相互联动，期货价格最终与现货价格趋于一致，使期货市场真正发挥价格“晴雨表”的作用。

期货交割分为实物交割和现金交割两种类型。实物交割是以标的物所有权转移方式进行的交割；现金交割是按结算价进行现金差价结算的交割。

五、实训操作

在期货交易时间内，老师选择一个主力合约进行交易，当场演示，让学生熟悉交易流程。

老师讲解以后，学生在实验室利用同花顺期货通模拟软件进行操作，演练实训内容。用结算公式计算相关盈亏、权益等情况。

第四章

期货交易风险控制

【实训目的】

通过实训，熟悉期货交易风险管理制度、期货交易风险类型。掌握风险管理的相关知识和技巧，增强投资者的自我保护意识，降低交易风险。

【实训内容】

熟悉期货交易风险管理制度、期货交易风险类型。对持仓合约设置止损、止盈点位，分散投资，仓位控制。

【实训方式】

老师讲解以后，学生在实验室利用同花顺期货通模拟软件进行操作，演练实训内容。

【实训学时】

3 学时左右，具体时间根据实际情况而定。

【实训预期成果】

掌握期货交易风险管理制度、期货交易风险类型。

学会制订科学合理的投资计划和风险控制方案。例如，设置止损、止盈点位，分散投资，仓位控制等，以防止投资失误带来的巨大损失。

第一节　期货交易风险管理制度与交易风险类型

一、期货交易风险管理制度

期货市场是一种高度组织化的市场，为了保障期货交易有一个“公开、公平、公正”的环境，保障期货市场平稳运行，对期货市场的高风险实施有效的控制，期货交易所制定了一系列的交易制度，所有交易者必须在承认并保证遵守这些交易制度的前提下才能参与期货交易，而这些交易制度也是期货交易所在宏观层面上对整个期货市场的风险管理制度，具体包括五项制度：一是保证金制度。该制度保证了每一个交易者履行合约诚信。二是涨跌停板制度。该制度使交易风险被控制在最低限度。三是持仓限额制度。持仓限额制度是指期货交易所为防范操纵市场价格的行为，防止期货市场风险过度集中于少数投资者，对会员及客户的持仓数量进行限制的制度。四是大户报告制度。这是与持仓限额制度紧密相关的防范大户操纵市场价格、控制市场风险的重要制度。五是强行平仓制度。这是交易所或期货经纪公司控制市场风险，化解市场风险的重要制度。

另外，与控制风险相关的制度还有前面提到的每日无负债结算制度和风险准备金制度。

二、期货交易风险类型

期货交易的风险来源很多，主要的风险有以下几种，其中最大的风险就是市场风险。

（一）市场风险

市场风险是指由于各种因素导致市场价格波动而造成的损失。而导致市场价格波动的因素有很多，例如，宏观经济波动、政策变化、自然因素、投资者心理因素等。在进行期货交易时，需要时刻关注市场走势，并及时调整自己的投资策略，以应对市场波动带来的风险。

（二）操作风险

操作风险是指由于操作不当或信息不准确导致的损失，例如，买入或卖出时价格选择不当、超过自己实际能力的杠杆操作等。

（三）信用风险

信用风险是指在期货交易中，客户无法按时履约而导致的风险，例如，欠款、失信等。因此，在进行期货交易时，需要具备充分的市场分析能力和操作技巧，同时选择合适的交易平台和交易商以降低信用风险。

（四）流动性风险

流动性风险是指由于市场流动性差，期货交易难以迅速、及时、方便地成交所产生的风险。这种风险在客户建仓与平仓时表现得尤为突出。当建仓时，交易者难以在理想的时机和价位入市建仓，难以按预期构想操作，套期保值者不能建立最佳套期保值组合；当平仓时，交易者难以用对冲方式进行平仓，尤其是在期货价格呈连续单边走势，或临近交割，市场流动性降低，使交易者不能及时平仓而遭受惨重损失。因此，要避免遭受流动性风险，重要的是客户要注意市场的容量，研究多空双方的主力构成，以免进入单方面强势主导的单边市。

此外，还有一些其他风险，例如，不可抗力因素（如自然灾害等）、政策风险（如政府政策调整等）等也会影响到投资者的投资收益。

为了规避期货交易带来的风险，需要采取一系列措施来进行风险管理。首先，要制订科学合理的投资计划和风险控制方案，例如，设置止损、止盈点位，分散投资等，以防止投资失误带来的巨大损失。其次，要时刻关注市场动态，及时调整交易策略，避免被市场所迷惑。同时，要选择合适的期货交易平台和交易商，并严格遵守交易规则和纪律。最后，还需要学习和掌握风险管理的相关知识与技巧，提高投资者自我保护意识和能力。

第二节　期货交易风险控制策略

在期货交易中，风险控制是非常重要的，它是保证交易者资金安全、防止亏损的关键。本节将详述期货交易中的风险控制方法，包括头寸控制、止损止盈、交易记录和风险评估等，其中本节将重点介绍止损止盈的风险控制策略。

一、头寸控制

头寸控制是指在交易中控制头寸规模和风险水平的方法。头寸控制的基本原则是，控制单笔交易的头寸规模，限制单个合约或单个品种的头寸比例，并且在整个交易中进行头寸的分散化，以便降低交易风险。对于头寸控制，交易者可以根据自己的交易经验和风险承受能力，制定适合自己的头寸控制规则。例如，可以根据自己的账户规模、市场波动情况、交易目标等因素，确定每次交易的头寸规模，通常不超过账户资金的一定比例，例如，2%～5%。同时，还可以设置单个品种或单个合约的头寸比例，例如，不超过总头寸的30%～50%。头寸控制的优点在于能够有效控制交易风险，避免过度集中头寸和过度交易，但缺点在于可能会限制交易者的盈利空间，需要根据市场情况进行适当调整。

此外，在做好头寸控制的同时还要做好资金管理和仓位控制。所有交易品种最大持仓不超过资金的50%，切记满仓交易。每个品种最大仓位不超过资金的15%，仓位大小根据市场行情做调整。市场行情较好时，可以相应提高仓位；市场行情不好时，要减少仓位。

二、止损止盈

止损止盈是指在交易中设置止损和止盈的方法。止损是在价格达到预设水平时，通过卖出或买入平仓来限制亏损，止损一般分为静态止损和动态止损，静态止损，顾名思义就是止损的位置和价格是固定不变的。动态止损就是设置的止损位置和价格是变化的，止损的位置是根据行情的变化来确定的，这种止损方式从操作上来说更加灵活一些。止损价位会随着盈利的增加而变化，这种方法可以最大限度地实现“让盈利奔跑”。做多开仓，设置跟踪止损后的最高价每上涨一个价位，止损平仓价就跟着上涨一个价位，当价格从最高价回撤了设置的止损价差时，触发止损。图 4-1 为做多跟踪止损示意图。

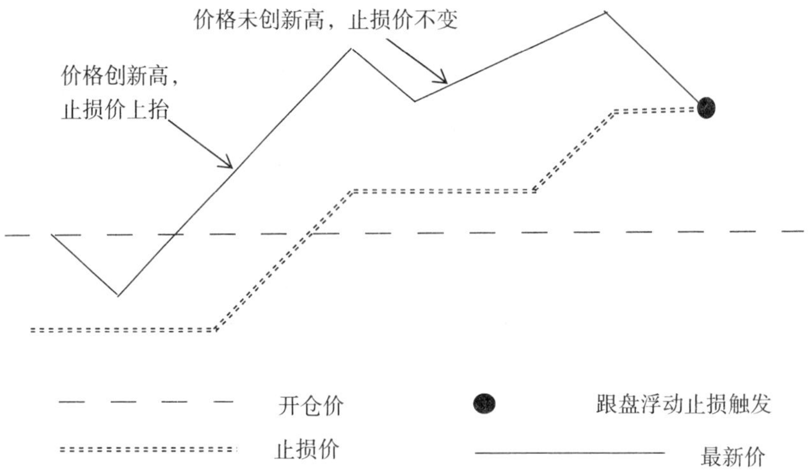

图 4-1 做多跟踪止损示意图

止盈是在价格达到预设水平时，通过卖出或买入平仓来获得利润。对于止损止盈，交易者可以根据自己的交易策略和市场情况，设置不同的止损和止盈水平。例如，在趋势交易中，可以设置在价格突破支撑位或阻力位时进行止损或止盈；在波动性较大的市场中，可以设置较宽的止损和止盈水平，以避免被市场波动干扰，而通过波动率进行止损是比较好的一种止损方法。

波动率止损是一种基于市场波动情况来设置止损的方法。它是根据市场波动率来计算出一个预期的最大亏损，当价格达到这个水平时，交易者就会进行止损操作，以避免亏损进一步扩大。对于波动率止损，交易者可以使用ATR（平均真实波幅）等技术指标来计算波动率，并根据自己的交易经验和风险承受能力，设定适当的止损水平，一般设置1.5～2倍的ATR来止损。ATR指标可以在行情软件中调出来，其中比较平缓的那条线是ATR的均值，上下波动的是实时ATR线。波动率止损的优点在于能够根据市场波动情况来进行止损，避免过早止损或过度亏损。

止损止盈的优点在于能够有效控制交易风险，并且能够获得稳定的交易利润，但缺点在于可能会错失市场机会，需要根据市场情况进行适当调整。

三、交易记录和风险评估

交易记录和风险评估是风险控制的重要环节，它能够帮助交易者对自己的交易进行跟踪和评估，并及时发现和纠正交易中的问题。交易记录可以记录交易者的交易时间、交易品种、头寸规模、止损止盈水平、交易结果等信息，从而帮助交易者对自己的交易进行分析和总结，及时发现和纠正交易中的问题。风险评估则是根据交易记录和市场情况，对自己的交易风险进行评估和分析。风险评估包括对风险敞口、风险偏好、风险收益比等指标的分析，以及对自己的交易策略、风险控制措施等方面进行评估和改进。交易记录和风险评估的优点在于能够帮助交易者对自己的交易进行分析和总结，及时发现和纠正交易中的问题，进一步提高交易的成功率和效率。

四、控制情绪和遵守纪律

除以上的风险控制方法之外，还有一个非常重要的因素，那就是控制情绪和遵守纪律。情绪和纪律是影响交易者决策和行为的重要因素，对于期货交易来说，交易者需要始终保持冷静和理性的状态，避免为情绪所左右，严格遵守自己的交易计划和规则，不轻易改变交易策略和止损止盈水平。对于控制情绪和遵守纪律，交易者可以通过培养自己的交易心态和建立自己的交易规则来实现。例如，交易者可以制订自己的交易计划和规则，包括交易品种、交易时间、止损止盈水平等方面的规定，遵守这些规则来进行交易；同时，交易者还可以通过心理训练、冥想、放松等方法来控制自己的情绪，保持冷静和理性的状态。控制情绪和遵守纪律的优点在于能够避免情绪影响和随意决策，提高交易的成功率和效率，但缺点在于需要一定的心理素质和自律能力。

总之，风险控制是期货交易中非常重要的一环，只有通过科学合理的风险控制方法，才能有效避免交易中的亏损风险，提高交易的成功率和效率。在实际交易中，交易者需要结合自己的交易经验和风险承受能力，选择合适的风险控制方法，并严格遵守交易规则和纪律，始终保持冷静和理性的状态，才能够在期货市场中获得成功。

五、实训操作

下面我们用赢顺期货交易软件来对期货风险控制进行实训演示，主要演示内容为如何设置止损止盈。

（一）开仓自动止损止盈设置

1. 手动开仓

手动开仓成交后，持仓单自动带有止损止盈设置。手动开仓是指使用“三键下单”“传统下单”“下单工具条”“点价下单”“炒单热键”“下单键盘”开的仓。

2. 条件单开仓和画线开仓

如果启动了开仓自动止损（交易界面左侧的【条件单参数】中设置），也是按照默认策略和参数值启动止损。

（二）对已有持仓设置止损止盈

1. 设置止损单

持仓列表单击鼠标右键，在弹出的窗口中设置止损单。止损价一般可以根据前期高点和低点来设定，或者根据波动率 (ATR) 指标来设置，一般设在开仓价加减 1.5ATR 或 2ATR。当然，投资者也可以通过勾选动态追踪来设置动态止损，输入价位回撤的点数即可。

2. 设置止盈单

持仓列表单击鼠标右键，在弹出的窗口中设置止盈单。止盈价一般可以根据前期高点和低点来设定，或者根据投资者的盈利期望来设定。

3. 设置保本单

交易者在持仓列表单击鼠标右键，在弹出的窗口中设置保本单。

“保本策略”计算公式为：

多头保本平仓价位 = 开仓均价 + 盈利价差，空头保本平仓价位 = 开仓均价 – 盈利价差

（三）开仓同时设置任意止损止盈价

交易者按步骤开仓成交后，持仓单会自动带止损止盈设置。

（四）暂停、启用、修改、删除设置好的止损止盈单

在止损单列表单击鼠标右键，可以暂停、启用、修改、删除止损止盈单。

老师讲解以后，学生在实验室利用同花顺期货通模拟软件进行操作，重点演练止损止盈的实训内容。对自己的交易账户进行资金管理、仓位控制的分析，看看是不是在可控风险范围内，否则就要调整。

第五章
期货投资价格分析

【实训目的】

通过实训，掌握期货投资价格分析的基本框架，能从基本面和技术面进行系统分析。能熟练运用技术分析的基本图形；会根据基本图形对期货价格走势进行初步判断。能熟练从软件中调出技术分析指标；会根据技术分析指标对期货价格走势做出初步判断。

【实训内容】

熟悉期货价格的基本面分析。熟悉技术分析方法，掌握技术分析的趋势法、价格形态分析方法。技术分析指标的应用重点掌握 MA、MACD、KDJ、RSI、WMS%（威廉指标）、BIAS（乖离率）等指标。掌握运用价量分析法。

【实训方式】

基本面分析的实训主要通过收集资料，下载相关研究报告学习，书写基本面的分析报告；技术面的实训主要在实验室通过电脑和软件进行分析，在交易时间内进行操作，试着运用各种技术分析方法进行操作演练，书写技术面的分析报告。

【实训学时】

6 学时左右，具体时间根据实际情况而定。

【实训预期成果】

能掌握基本面的分析方法，从基本面去预测期货品种未来价格趋势，并形成基本面的分析报告。

能通过技术分析的图形方法对期货价格作出判断。

通过技术指标进行买卖，课后每个学生写一份合约在某时间的技术分析报告，要求至少用到以下指标中的两种：MA、MACD、KDJ、RSI、WMS%（威廉指标）、BIAS（乖离率）。

第一节 期货投资基本面分析

基本面分析是从事证券投资的一种分析方法，适用于股票、债券和期货等衍生品。对于商品期货而言，基本面分析主要是根据商品的产量、消费量和库存量（或者供需缺口），即根据商品的供给和需求的关系，以及影响供求关系变化的宏观因素、产业因素和行业因素等来预测商品价格走势的分析方法。金融期货基本面分析与商品期货基本面分析类似，但更加侧重分析宏观经济变量、货币政策、财政政策等因素的影响。本节将从商品期货基本面分析开始，介绍和解读基本面分析方法，接着简要介绍金融期货的基本面分析。

一、商品期货基本面分析

（一）宏观经济分析

基本面分析研究的是价格变动的根本原因，主要分析的是宏观经济因素，从而预测期货价格变动的中长期趋势。宏观经济分析主要从宏观经济数据、宏观经济周期、宏观经济政策等角度进行分析。

1. 宏观经济数据

投资者可以通过分析反映宏观经济运行状况的主要宏观经济指标来研判当前经济状况，并对未来经济运行作出客观、合理的预判。宏观经济数据和相关经济指标主要包括国内生产总值（GDP）、经济增长率、消费物价指数（CPI）、采购经理指数（PMI）、失业率、货币供应量、利率、汇率等。投资者通过寻找宏观经济、大宗商品价格和其他相关因素的内在规律，分析和预测期货价格。投资者可以从国家统计局以及中国人民银行网站等查询相关的宏观经济数据。

2. 宏观经济周期

经济周期（Business Cycle）也称为商业周期、景气循环，经济周期一般是指经济活动沿着经济发展的总体趋势所经历的有规律的扩张和收缩。它是国民收入或总体经济活动扩张与紧缩的交替或周期性波动变化。经济周期一般分为衰退、复苏、繁荣和萧条 4 个阶段，如图 5-1 所示。在经济周期的不同阶段，大宗商品价格的供求和价格具有不同的特征，进而影响期货价格。

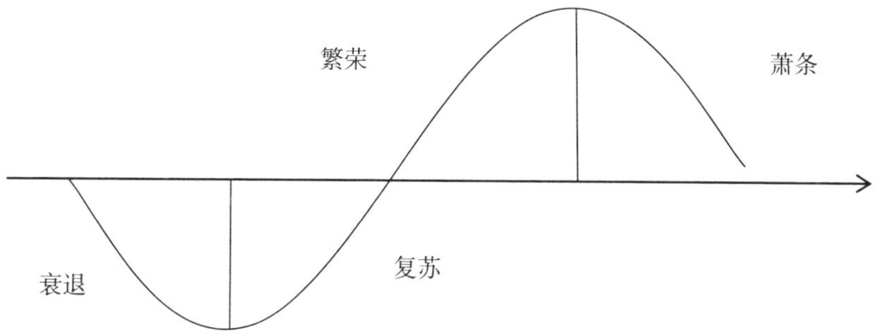

图 5-1　经济周期

在投资界，很多投资者都会通过美林投资时钟进行资产配置。美林投资时钟最早由美林证券于 2004 年提出。它研究了美国 30 年的经济数据，将经济运行周期分为 4 个阶段。根据经济增长和通货膨胀的表现不同，这 4 个阶段分别是衰退阶段、复苏阶段、过热阶段和滞涨阶段。在金融交易市场中，常见的交易资产有债券、股票、大宗商品等，在不同经济阶段，不同资产的表现是不同的，如图 5-2 所示。

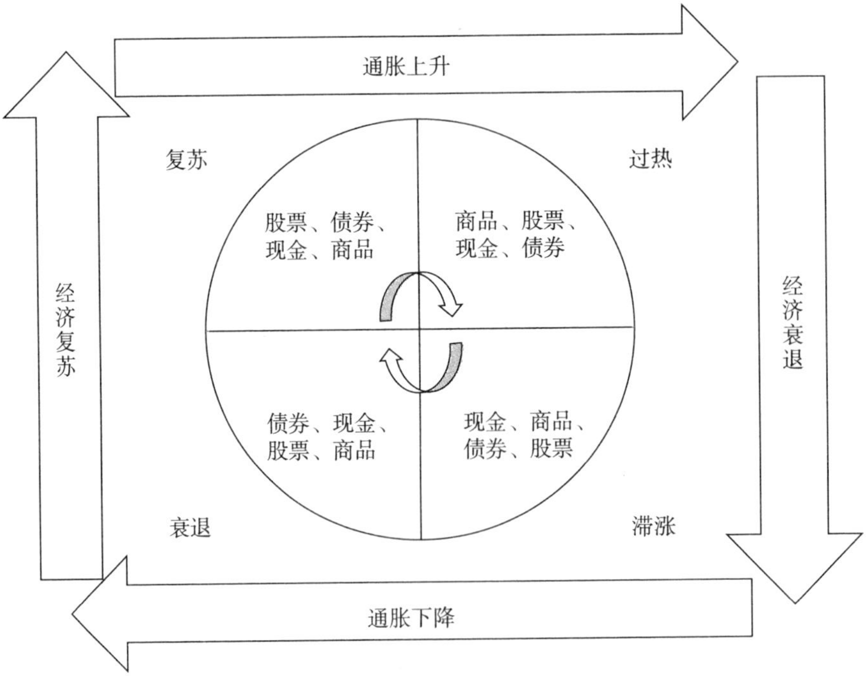

图 5-2 美林投资时钟资产配置示意图

一般大宗商品期货价格与经济周期密切相关，在经济周期不同阶段，价格表现不一样。

（1）衰退阶段。经济开始下滑，需求开始萎缩，供给大大超过需求，商品价格迅速下跌，期货市场内的资金开始往外撤出，各个商品期货价格也会开始下跌。

（2）复苏阶段。复苏阶段开始时是前一周期的最低点，产出和价格均处于最低水平，随着经济的复苏、生产的恢复和需求的增长，商品价格也开始逐步回升。

（3）繁荣阶段。投资需求和消费需求的不断扩张超过了产出，商品价格迅速上涨到较高水平，期货市场会表现得一片大好，拥有众多的投资者和资金流入期货市场，各个期货合约价格也会随之上升。

（4）萧条阶段。萧条阶段是经济周期的谷底，供给和需求均处于较低水平，价格停止下跌，处于低水平。

3. 宏观经济政策

在市场经济中，政府有关部门一般会采取经济政策来熨平宏观经济的波动。常见的经济政策主要有财政政策、货币政策、汇率政策、产业政策等。

（1）财政政策。财政政策是指为促进就业水平提高，减轻经济波动，防止通货膨胀，实现稳定增长而对政府财政支出、税收和借债水平所进行的选择，是一国对宏观经济调控的重要手段。财政政策的调整会直接影响生产供给和市场需求状况，从而影响商品价格，如图 5–3 所示。在经济繁荣时，往往会采取紧缩的财政政策以使过热的经济降温，这时会导致需求下降，大宗商品价格降低；而在经济萧条时，则采取宽松的财政政策来刺激经济增长，使社会需求增加，大宗商品价格上涨。

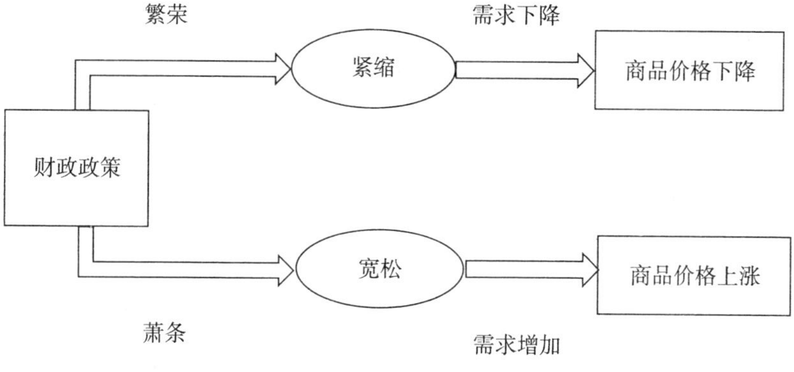

图 5–3　财政政策影响商品价格机制图

（2）货币政策。货币政策是指中央银行为实现其特定的经济目标而采用的各种控制和调节货币供应量、利率水平的政策和措施的总称。货币政策工具主要有法定准备金率、再贴现率和公开市场业务操作。货币政策的核心是通过调节货币供应量，影响利率，进而传导到金融市场和实体经济，影响商品价格，如图 5–4 所示。在经济萧条时，为了刺激经济增长、增加就业，中央银行会实行宽松的货币政策，增加货币供应量，市场利率降低，通货膨胀预期增加，一般商品价格随之上涨；在经济繁荣时，为了降低经济增长、抑制通货膨胀，中央银行会实行紧缩的货币政策，减少货币供应量，市场利率提高，通货膨胀预期减弱，一般商品价格随之下降。

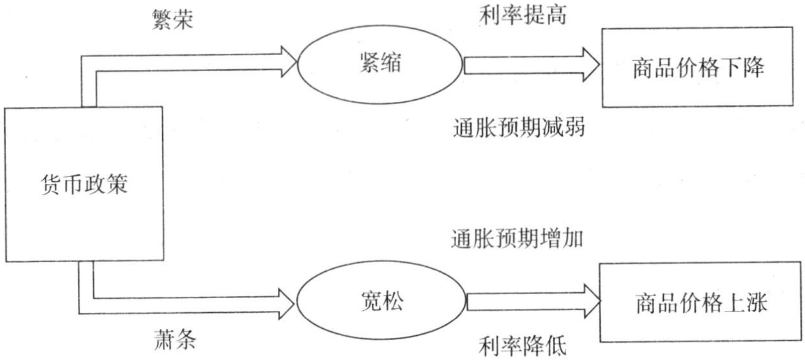

图 5–4　货币政策影响商品价格机制图

（3）汇率政策。汇率政策是指一国政府利用本国货币汇率的升降来控制进出口及资本流动以达到国际收支均衡的目的。汇率政策主要包括汇率政策目标和汇率政策工具。汇率政策工具主要有汇率制度的选择、汇率水平的确定以及汇率水平的变动和调整。当本币升值时，本币的国际购买力增强，以外币表示的本国商品的价格上升，以本币表示的外国商品的价格下降，这将有利于进口而不利于出口；当本币贬值时，本币的国际购买力减弱，以外币表示的本国商品的价格下降，以本币表示的外国商品的价格上升，这将有利于出口而不利于进口。美元作为世界货币，国际大宗商品价格大多以美元标价，美元汇率变化将直接导致大宗商品价格发生变动，如图 5-5 所示。

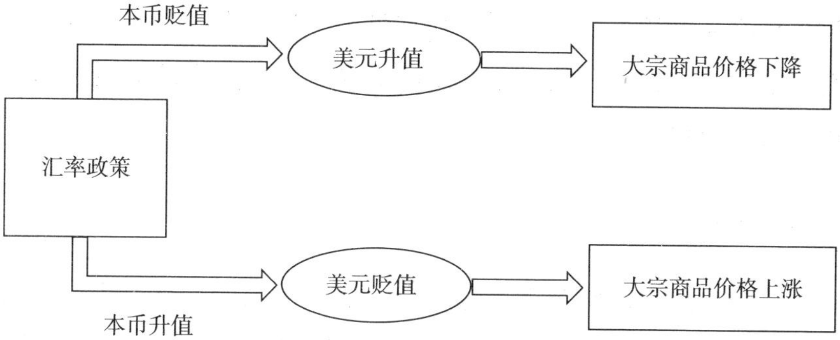

图 5-5　汇率政策影响商品价格机制图

（4）产业政策。产业政策是指政府为了实现一定的经济和社会目标而对产业的形成和发展进行干预的各种政策的总和，产业政策也是常用的经济政策。产业政策往往有特定的产业导向，政府通过扶持和抑制来影响产业结构。产业政策主要通过财政政策和货币政策来实现其目标，其对商品价格的影响最终也会通过财政货币政策来传导。

（二）产业链分析

产业链分析是指从期货品种的上下游产业入手，研究产业链各环节及其相关因素对商品供求和价格影响及传导，从而分析和预测期货价格。

以螺纹钢的产业链为例，螺纹钢俗称热轧带肋钢筋，上游材料包括铁矿石、焦炭、废钢等主要原料及其他辅料，中游是钢材制造，主要包括普钢加工、不锈钢、特钢加工及金属制品，下游主要扩展为应用层面，广泛存在于房地产、基础设施建设、机械、汽车、能源、船舶、家电及集装箱等领域。

要研究螺纹钢价格影响因素，可以从产业链入手，从上游的成本进行分析可以知道，铁矿石是螺纹钢生产最重要的原材料，焦炭是螺纹钢生产必需的还原剂、燃料和料柱骨架。这些上游原材料成本的变动会影响到螺纹钢的价格，中下游的需求也会通过供求关系去影响螺纹钢的市场价格。

（三）供求分析

供求分析是微观经济学中分析市场供求关系的一种方法，当某种商品的市场供给与需求相等时，便得到了该商品的均衡价格和数量。通常影响供求关系的因素比较复杂，在分析时一般只需要找出其中主要的因素进行分析即可，通过供求分析可以知道价格变动的趋势。

1. 供给及其构成

供给是指在其他条件不变的情况下，生产者在某一特定时期，在各种可能的价格下愿意并且能够提供出售的该种商品的数量。本期供给量由期初库存量、当期国内生产量和当期进口量构成。影响供给的主要因素有商品本身价格、生产成本、生产的技术水平、相关商品的价格、生产者对未来的预期及政府政策等。

（1）期初库存量。期初库存量也就是上一期的期末结存量。期初库存量的多少，直接影响本期的供给。库存充足，供给增加，在需求不变的条件下会导致价格下降；库存较少，则难以抑制价格上涨。

（2）当期国内生产量。当期国内生产量是一个变量，不同产品的产量受到不同因素的影响。例如，农产品产量要考虑播种面积、气候情况、作物生长条件、生产成本、农业政策等。矿产品的产量会因新矿的发现和开采增加而增加。因此，需要对产品产量的影响因素进行具体分析。

（3）当期进口量。当期进口量是本国市场销售的国外产品的数量。进口量主要受国内市场供求、内销和外销价格比、关税和非关税壁垒、汇率等因素影响。某种商品进口量越多，占整个国家社会消费总量的比重越大，则进口量的变化对市场商品供给和价格的影响也就越大。

2. 需求及其构成

需求是指在其他条件不变的情况下，消费者在某一特定时期，在各种可能的价格下愿意并且有能力购买的该种商品的数量。本期需求量由国内消费量、出口量和期末结存量构成。影响需求的主要因素有商品本身价格、消费者的收入水平、消费者的偏好、相关商品（替代品和互补品）的价格、消费者对商品价格的预期及政府政策等。

（1）国内消费量。国内消费量包括居民消费量和政府消费量，主要受消费者收入水平或购买力，消费者数量、消费结构、相关产品价格等因素影响。

（2）出口量。出口量是指本国生产的产品销往国外市场的数量。出口量主要受国际市场供求状况，内销和外销价格比、关税和非关税壁垒、汇率等因素影响。出口是国外市场对本国产品的需求，若总产量既定，出口量增加则国内市场供给量减少，出口量减少则国内市场供给量增加。

（3）期末结存量。当本期产品供给大于需求时，期末结存量增加；当供给小于需求时，期末结存量减少。期末结存量的变动，可反映本期的产品供求状况，并对下期的产品供求状况产生影响。

3. 均衡价格

均衡价格是指一种商品需求量与供给量相等时的价格。当实现了市场供求均衡时，该商品的需求价格与供给价格相等称为均衡价格，该商品的成交量（需求量与供给量）相等称为均衡数量。市场上需求量和供给量相等的状态，称为市场出清的状态。图 5-6 表示了供求均衡和均衡价格。当价格 P_1 大于均衡价格 P_0 时，市场供给大于市场需求，出现超额供给，市场出现过剩，过剩将使价格下跌，从而刺激需求增加，供给量减少，市场自发向均衡靠拢。当价格 P_2 小于均衡价格 P_0 时，市场需求大于市场供给，出现超额需求，市场出现短缺，短缺将使价格上涨，从而刺激供给增加，需求量减少，市场自发向均衡靠拢。只有当价格等于市场价格 P_0 时，市场供给数量与需求数量相等，即市场达到均衡，均衡数量为 Q_0。

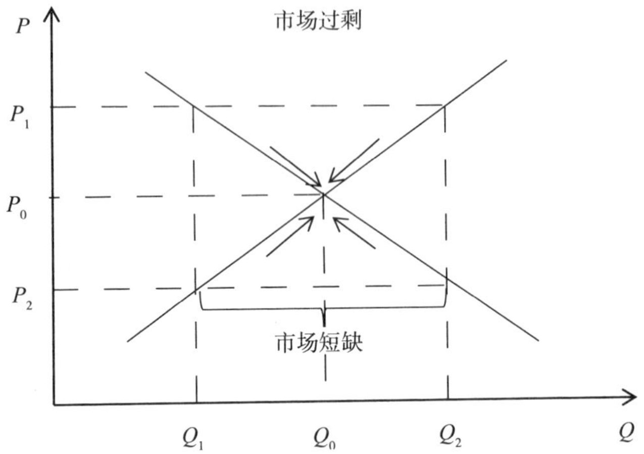

图 5-6　均衡价格的决定

（四）其他因素分析

1. 政治因素

期货市场对国家、地区和世界政治局势变化的反应非常敏感。罢工、大选、政变、内战、国际冲突等，都会导致供求状况发生变化进而影响期货价格。例如，1989—1990 年发生的伊拉克入侵科威特战争，因可能导致原油产量供应减少的预期，使国际市场原油价格由战前的16美元/桶激升至35美元/桶，涨幅达120%。2001年的“9·11”事件及由此引发的阿富汗战争，也引发商品期货价格大幅波动。9月11日当天，伦敦铜价上扬1.8%，随后即出现下跌走势，该波下跌行情引致的低点达到1336美元/吨。

2. 自然因素

自然因素主要是气候条件、地理变化和自然灾害等。具体来讲，包括地震、洪涝、干旱、严寒、虫灾、台风等因素。期货市场上的粮食、有色金属、能源等商品，其生产和消费受自然因素影响较大。例如，2014—2016年和2018—2019年厄尔尼诺引发的干旱，导致印度、泰国、中国云南这三个地区的甘蔗单产明显下降，推高了白糖的价格。

3. 投资和心理因素

心理因素是指投机者对市场的预期。当人们对市场信心十足时，即使没有利好消息，价格也可能上涨；当人们对市场失去信心时，即使没有利空因素，价格也会下跌。在期货交易中，市场心理变化往往与投机行为交织在一起，相互依赖、相互制约，产生综合效应。过度投机将造成期货价格与实际供求相脱节。例如，1979年纳尔逊·亨特操纵白银期货的典型案例，从1979年开始，纳尔逊·亨特和他的兄弟在纽约商业交易所（NYMEX）和芝加哥期货交易所（CBOT）以每盎司6～7美元的价格大量收购白银，到当年年底已控制纽约商业交易所（NYMEX）53%的存银和芝加哥期货交易所（CBOT）69%的存银，共拥有1.2亿盎司的现货和0.5亿盎司的期货。在亨特的操纵下，截至1980年1月17日银价已涨至48.7美元/盎司，1月21日，在黄金市场的刺激下，白银价格达到50.35美元/盎司的历史高峰，比前一年上涨了8倍多。这种疯狂的投机活动，造成白银的市场供求状况与生产和消费实际脱节，市场价格严重地偏离其价值。

二、金融期货基本面分析

金融期货主要有外汇期货、利率期货以及股票价格指数期货等，这些金融产品本质上是特殊的商品，其价格波动也受市场供求因素的影响，基本面分析和商品期货的基本面分析类似。但金融期货更受金融指标的影响，如货币供应量、利率、汇率等，以及对应的货币政策和财政政策的分析。这些指标有着很强的相互依存性，在国际及区域之间具有很强的传导性。

在进行金融期货价格分析时，利率具有重要的作用。利率的变动会直接影响到金融资产价格。从理论上分析，金融资产价格取决于资产的未来收益按合理的利率贴现的价值。利率上升，金融资产价格下降；利率下降，金融资产价格上升。中央银行在进行宏观经济调控时，一般会通过货币政策去影响市场利率，从而影响金融资产价格。当经济比较低迷时，下行压力增大，为了刺激经济增长，中央银行通过实施宽松的货币政策来增加货币供应量，从而促使利率下降，物价水平上升，金融市场价格趋于上升；反之，当经济比较高涨时，通货膨胀压力增大，为了抑制经济增长，中央银行通过实施紧缩的货币政策来减少货币供应量，从而促使利率上升，物价水平下降，金融市场价格趋于下降。货币政策影响金融资产价格机制图如图 5–7 所示。

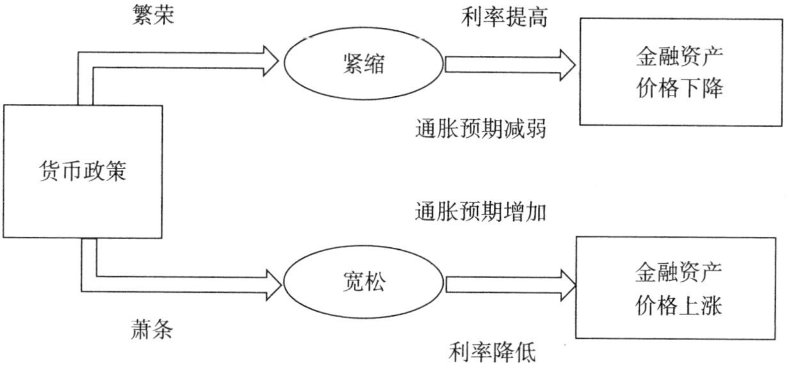

图 5-7　货币政策影响金融资产价格机制图

三、实训操作

介绍完基础理论知识后，老师选择一个商品期货品种和一个金融期货品种分别进行基本面的分析，让学生熟悉、掌握基本面的分析框架。例如，如果要对螺纹钢进行基本面分析，预测其未来价格变动的长期趋势，那么进行分析时就要找到影响螺纹钢供求变动的主要因素，利用供求分析工具去分析价格变动的趋势。

老师讲解以后，学生选择一个商品期货品种和一个金融期货品种进行基本面分析，并形成基本面的分析报告。

第二节　期货投资技术分析

期货市场和股票市场技术分析的基本原理和基本工具的使用大致相同，但由于期货双向交易机制、期货合约到期日因素、持仓量指标等方面的特殊性，期货市场技术分析又有别于股票市场。通常，由于期货市场更具有效率，更符合技术分析的三大假设，技术分析方法的有效性高于股票市场。

一、技术分析概述

（一）技术分析方法的概念

技术分析方法是通过对市场行为本身的分析来预测市场价格的变动方向，即主要是对期货市场的日常交易状态，包括价格变动、交易量与持仓量的变化等数据，按照时间顺序绘制成图形、图表，或者形成一定的指标系统，然后针对这些图形、图表或指标系统进行分析研究，以预测期货价格未来走势。

（二）技术分析的三大市场假设

技术分析方法的三大理论假设，是技术分析的理论基础。

1. 市场行为反映一切信息

这是进行技术分析的基础。技术分析者认为，市场的投资者在决定交易行为时，已经充分考虑了影响市场价格的各项因素。因此，只要研究市场交易行为就能了解目前的市场状况，而无须关心背后的影响因素。

2. 价格呈趋势变动

这是进行技术分析最根本、最核心的因素。“趋势”概念是技术分析中的核心。根据物理学上的动力法则，趋势的运行将会延续，直到有反转的迹象产生为止。事实上价格虽上下波动，但终究是朝一定的方向前进的，这当然也是牛顿惯性定律的应用，因此技术分析法希望利用图形或指标分析，尽早确定目前的价格趋势及发现反转的信号，以掌握时机进行交易并获利。

3. 历史会重演

这是从人的心理因素方面考虑的。期货投资无非是一个追求利润的行为，不论是昨天、今天或明天，这个动机都不会改变。因此在这种心理状态下，人类的交易行为将趋于一定的模式，而导致历史重演。所以过去价格的变动方式，在未来可能不断发生，值得投资者研究，并且利用统计分析的方法，从中发现一些有规律的图形，整理一套有效的操作规则。

技术分析基于上述三项理论依据，成为判断行情的有效方法。当然，对三大假设本身的合理性一直存在争论，不同的人有不同的看法。例如，第一个假设说市场行为反映一切，但市场行为反映的信息只体现在价格的变动中，同原始的信息毕竟有差异，信息损失是必然的。正因为如此，在进行技术分析的同时，还应该适当进行一些基本面分析及其他方面的分析，以弥补不足。再如，第三个假设为历史会重演，但期货市场的行为是千变万化的，不可能有完全相同的情况重复出现，差异总是或多或少地存在。

（三）技术分析的主要理论

1. 道氏理论

道氏理论是技术分析的基础，创始人是美国的查尔斯·亨利·道（Charles Henry Dow），为了反映市场总体趋势，他与爱德华·琼斯（Edward Jones）创立了著名的道琼斯平均指数。道氏理论的主要观点包括以下几点：

（1）市场价格指数可解释和反映市场的大部分行为。

（2）市场波动的3种趋势。道氏理论认为，价格波动可分为3种趋势，即主要趋势、次要趋势、短期趋势。主要趋势通常持续一年以上甚至更长的时间，而次要趋势代表主要趋势中的调整，时间持续3个星期到3个月。短期趋势通常在3个星期以内，是次要趋势中的短期波动。趋势的反转点是确定投资的关键。

（3）交易量在确定趋势中的作用。交易量应能验证趋势。交易量提供的信息有助于解决一些令人困惑的市场行为。

（4）收盘价是最重要的价格。道氏理论认为，在所有价格中，收盘价代表多空双方在一个交易日结束时的平衡点，因而最重要。

2. 波浪理论

波浪理论的全称是艾略特波浪理论，是以其创始人R.N.Elliott的名字命名的。波浪理论的主要观点包括以下几点：

（1）价格上涨、下跌现象是不断重复的，而且价格涨跌规律具有周期性象征，像水的波浪一样，循环往复。

（2）价格运行的大周期可以细分出小的周期，小的周期又可以再细分成更小的周期；价格周期无论时间长短，都是以一种运动模式进行的。

（3）一个完整的价格周期要经过8个过程，上升周期由5个上升过程（上升浪）和3个下降调整过程（调整浪）组成，下跌周期有5个下跌过程（下跌浪）和3个上升调整过程（调整浪）组成，一个周期结束之后，才会进入下一个周期。

从图5-8可以看出，前面是5浪结构，即1～5浪，是上升周期；后面是3浪结构，即a～c浪，是调整浪。

波浪理论在应用中主要考虑3个方面：价格运行所形成的形态、价格形态中高点和低点所处的相对位置、完全价格形态所经历的时间，即所谓的“形态、比例和时间”。其中，价格形态是最重要的，是波浪理论赖以生存的基础。波浪理论中的各个波浪在波动长度上有一定的规律性，即通过其比例和时间，可以分析计算价格未来波动的支撑和压力位置。

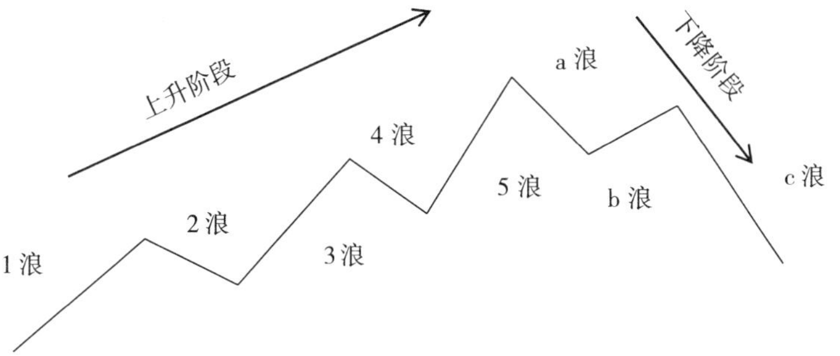

图 5–8　波浪理论示意图

3. 江恩理论

江恩理论是威廉·江恩（Willian D. Gann）通过对数学、几何学、宗教、天文学的综合应用建立的一套独特分析方法和预测市场的理论。江恩理论包括时间法则、江恩价格法则和江恩线等诸多内容。投资者可以通过构建圆形图预测价格运行的时间周期，用方法图预测具体的价格点位，用角度线预测价格的支撑位和阻挡位，而江恩轮中轮则将时间和价位相结合进行预测。

4. 循环周期理论

循环周期理论认为，无论什么样的价格波动，都不会向一个方向永远走下去。价格的波动过程必然产生局部的高点和低点，这些高点和低点的出现，在时间上有一定的规律。因而投资者利用价格波动的周期性，选择低点做多和高点做空获利。

5. 相反理论

相反理论认为，当绝大多数投资者看法一致时，他们通常是错误的。那么，投资者的正确选择应该是，首先确定大多数投资者的交易行为，然后反其道而行之。该理论在操作上的具体体现是，在投资者爆满的时候出场，在投资者稀少的时候离场。

6. 随机漫步理论

随机漫步理论认为，市场的波动是随机的，就好像一个在广场上行走的人一样，价格的下一走势完全没有规律可循。在信息是公开和完全情况下，市场价格本身已经反映了其内在价值。

二、技术分析的趋势方法

价格趋势是指价格运行的方向。但价格运行趋势一般不会朝任何方向直来直去，而是曲折的，具有明显的峰和谷。价格运行的方向，正是由这些波峰和波谷依次上升、下降或者横向延伸形成的，即上升趋势、下降趋势和水平趋势。

（一）趋势的方向

趋势的方向主要分为以下几种，如图 5-9 所示。

（1）上升趋势。由一系列相继上升的波峰和波谷形成的价格走势。

（2）下降趋势。由一系列相继下降的波峰和波谷形成的价格走势。

（3）水平趋势。由一系列水平运动的波峰和波谷形成的价格走势。

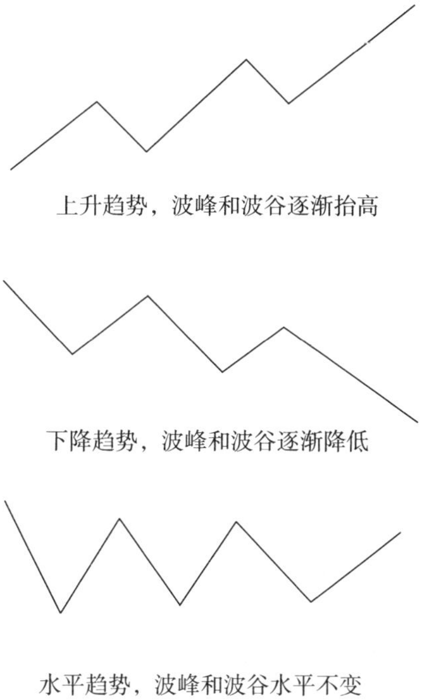

图 5-9　3 种趋势示意图

（二）支撑线和压力线

（1）支撑线。在期货价格波动的过程中，将图中的两个或两个以上的价格最低点连接起来所形成的直线即支撑线。在此线附近，有相当大的买盘支撑着期货价格。

（2）压力线。在期货价格波动过程中，将图中的两个或两个以上的价格最高点连接起来所形成的直线即压力线。在此线附近，有相当大的卖盘，阻止期货价格上涨。

支撑线和压力线的作用是阻止或暂时阻止市场价格向一个方向继续运动。同时支撑线和压力线又会给投资者提供较为明确的买入卖出信号，如图 5-10 所示。

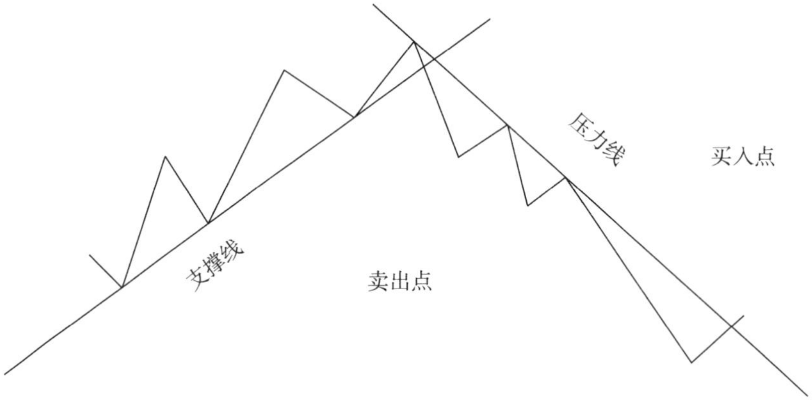

图 5-10　支撑线与压力线示意图

（三）趋势线和轨道线

（1）趋势线。趋势线反映期货价格的基本走势，有上升趋势线和下降趋势线。将波谷最明显的两个谷点连接起来且向上倾斜的直线称为上升趋势线，上升趋势线如图 5-11 左图所示；将最明显的两个波峰顶点连接起来且向下倾斜的直线称为下降趋势线，下降趋势线如图 5-11 右图所示。

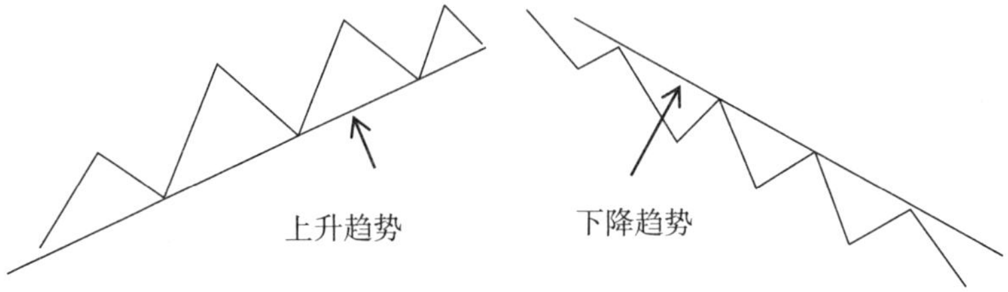

图 5-11　趋势线示意图

趋势按时间长短、波动大小可分为不同级别的趋势。当趋势线在时间上涵盖长达数月，则称为主要趋势线或长期趋势线；较短时间的趋势线，则称为次要趋势线或短期趋势线，如图 5-12 所示。其中，

1～4为主要上升趋势，2～3为中级下降趋势，A～B为短期上升趋势，B～C为短期下降趋势。

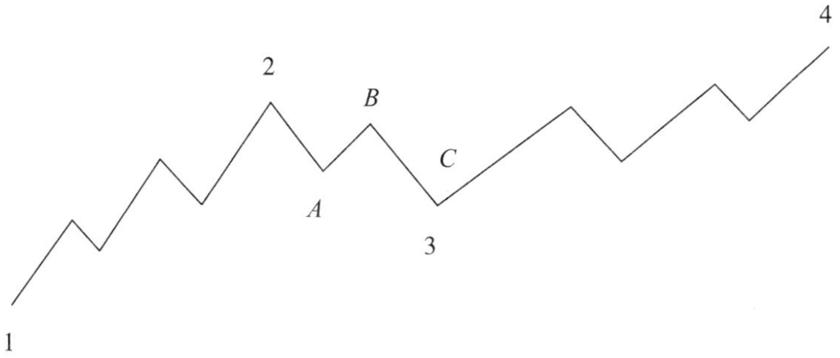

图 5-12　趋势级别示意图

（2）轨道线。轨道线又称为通道线或管道线，是基于趋势线的一种方法。在得到了趋势线后，通过第一个峰和谷可以作出这条趋势线的平行线，这条平行线就是轨道线。轨道线是趋势线概念的延伸，当价格沿趋势上涨到某一价位水准时，会遇到阻力，回档至某一水准价格又获得支撑，轨道线就在接高点的延长线与接低点的延长线之间上下来回波动，当轨线确立后，就非常容易找出高低价位的所在，投资者可依此判断来操作，如图 5-13 所示。

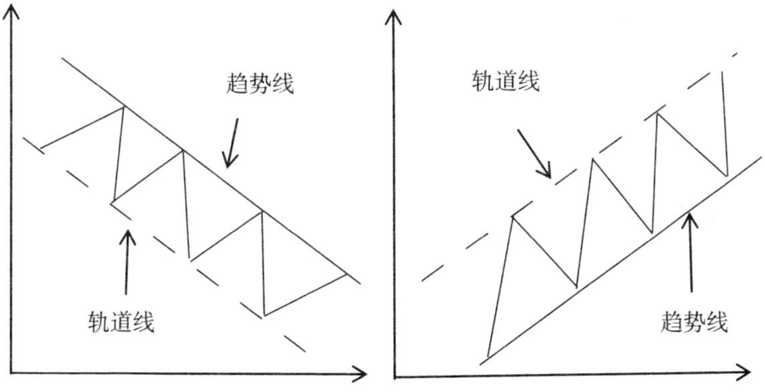

图 5-13　趋势线与轨道线示意图

轨道线和趋势线是相互合作的一对平行线。先有趋势线，后有轨道线。趋势线可以独立存在，而轨道线则不能单独存在。同趋势线相似，影响轨道线可靠性的因素有轨道线被股价触及的次数、轨道线的倾斜角度和轨道线形成的时间跨度。一般来说，轨道线被股价触及的次数越多、倾斜角度越小、形成的时间跨度越大，则其可靠性越高。

轨道线的另一个作用是能对趋势加速作出提示。与趋势线不同，轨道线被突破后并不表示趋势将发生反转，而是表明趋势将加速运行，如图 5-14 所示。价格突破轨道线后，原来的趋势线斜率将增加，趋势线的斜率将更加陡峭。

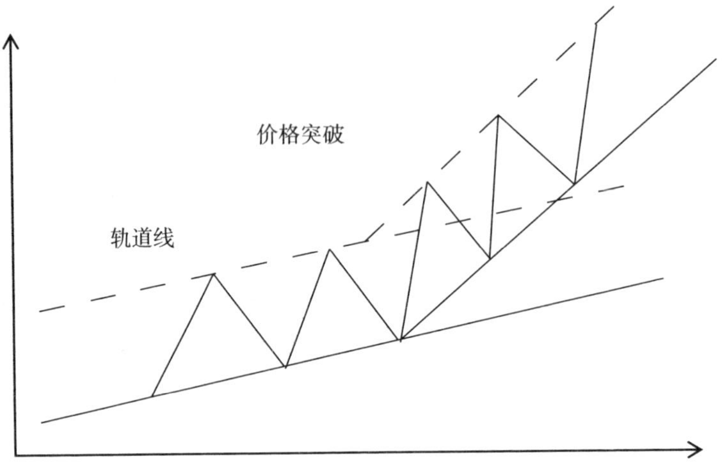

图 5-14　价格突破轨道线示意图

三、技术分析的价格形态

价格形态分析是以原始数据（价格、成交量、持仓量和时间）构成的形态为对象来分析和预测市场价格变化的方向与趋势。价格形态分析通过研究价格曲线的各种形态，发现价格运行的方向。价格运动形态通常分为反转形态和持续形态两大类型。

（一）反转形态

反转形态意味着趋势正发生着重要反转，出现反转形态后，期货价格由涨势转为跌势，或由跌势转为涨势。常见的反转形态有头肩形、圆弧形、双重形态、三重形态、V 形形态等。

1. 头肩形形态

头肩形形态是最基本的反转形态。中间（头）涨跌幅度最大，两边（两肩）较低，如图 5-15 所示。头肩形又分为头肩顶形和头肩底形，如图 5-16 所示。

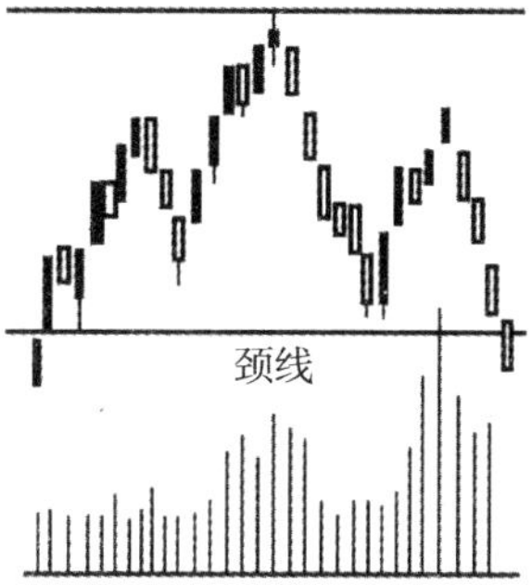

图 5-15　头肩形形态示意图

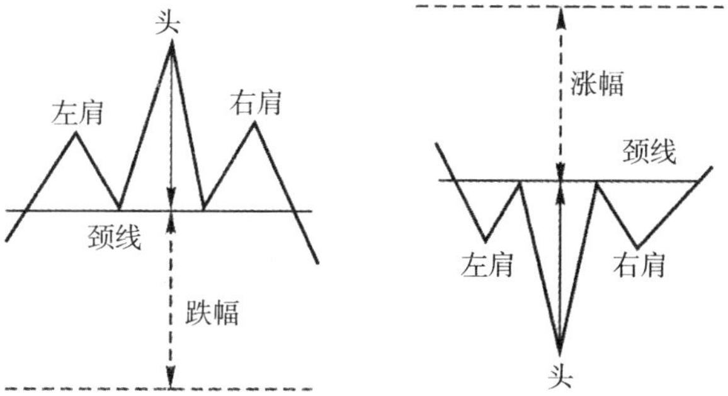

图 5-16　头肩顶形和头肩底形示意图

在这种形态中，一般会出现3个局部的高点和低点。头肩顶中，中间高点高于两边高点形成头部，左右两个相对较低的高点分别称为左肩和右肩。头肩底中，中间低点低于两边低点形成头部，左右两个相对较高的低点分别称为左肩和右肩。头肩顶中的支撑线和头肩底的压力线为颈线，颈线被有效突破，反转形态确认，预示原有趋势将发生逆转。逆转后行情涨跌幅大概就是头部到颈线的幅度。

2. 圆弧形形态

圆弧形形态分为圆弧顶和圆弧底两种。对于圆弧顶来说，期货价格呈弧形上升或下降，即虽然期货价格不断升高，但每一次涨幅不大，然后达到最高点又缓慢下落。对于圆弧底来说，走势正好相反，期货价格首先缓慢下跌，至最低点又慢慢攀升，形成圆弧底。如图5-17所示。在成交量方面也会有一个圆形状，圆弧顶和圆弧底提示市场出现反转，给投资者提供了很好的买入和卖出的机会。

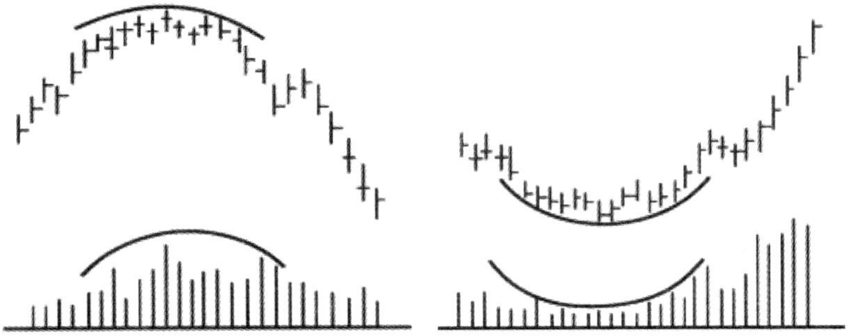

图5-17　圆弧顶和圆弧底示意图

3. 双重形态

双重形态分为双重顶（M头）和双重底（W底）两种形态，如图5-18所示。

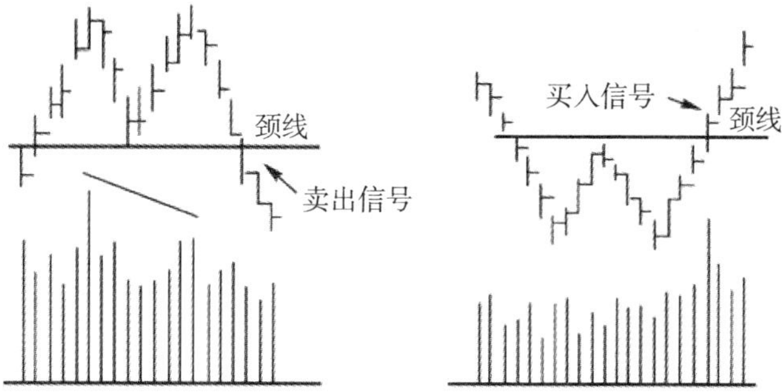

图 5-18　双重顶和双重底示意图

当期货价格上升到某一高价位时，出现大成交量，期货价格随后开始下跌，成交量跟着减少。然后，期货价格又上升到与前一高价位几乎相等的顶点，成交量随之大增。随后，期货价格再次下跌，这样形成双重顶。双重底与双重顶形态正好相反，表现为期货价格先下跌后上升，然后再下跌后再次上升。

4. 三重形态

任何头肩形，特别是头部超过肩部不够多时，可称为三重顶（底）形。三重顶形态和双重顶形态十分相似，只是多一个顶，且各顶分得很开。成交量在上升期间一次比一次少。三重底则是倒转的三重顶，分析方法一样，如图 5-19 所示。

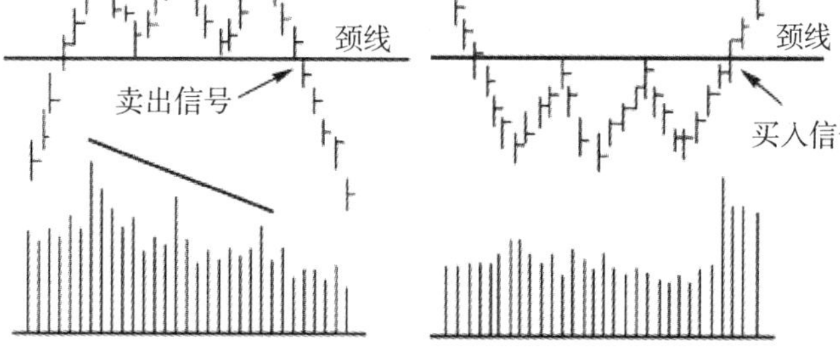

图 5-19　三重顶和三重底示意图

5.V 形形态

V 形形态有 V 形和倒转 V 形两大类，如图 5-20 所示。

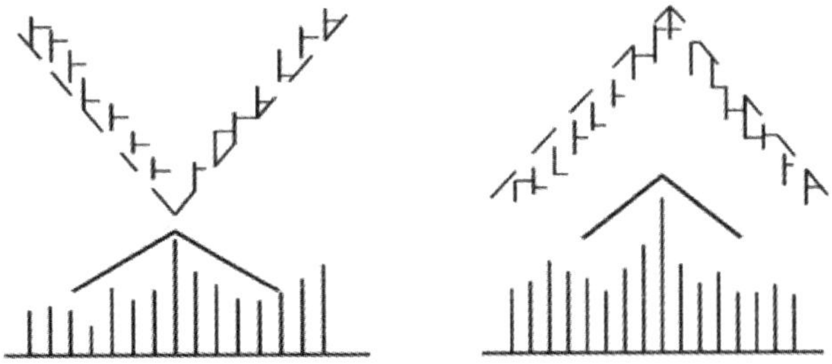

图 5-20　V 形形态示意图

由于市场中卖方的力量很大，令期货价格持续迅速下挫。当这股卖空的力量消失之后，买方的力量完全控制整个市场，使得期货价格迅速回升，几乎以下跌时同样的速度涨至原来的高度。因此，在图表上期货价格的运行，形成一个像 V 形的移动轨迹。倒转 V 形情形正好相反，市场看好的情形使期货价格节节高升，可是突如其来的一个因素扭转整个趋势，期货价格以上升时同样的速度下跌，形成一个倒转 V 形的移动轨迹。

（二）持续形态

持续形态表明市场将维持现有的趋势继续前进。比较典型的持续形态有三角形形态、旗形形态、楔形形态和矩形形态。

1. 三角形形态

三角形形态是指价格经过一段时间的快速变动后不再前进，在一定区域内上下窄幅波动，价格趋势的高点和低点连线相交叉后，形成一个三角形的形态。该形态的成交量呈现出递减态势，而在形态完成时，有效突破成交量相应放大。三角形形态有对称三角形、上升三角形和下降三角形等。

（1）对称三角形。如图 5-21 所示，对称三角形也叫收敛三角形，是比较常见的整理形态，有时也会出现趋势逆转突破的情况，但出现的概率比较小，通过一系列市场不完全统计，对称三角形中大约 3/4 属整理形态，1/4 则属升市顶部或跌市底部出现的转势形态。

对称三角形是由一段时期的价格波动所形成的，其在一定区域的波动幅度逐渐缩小，即每轮波动的最高价都比前次低，而最低价都比前次高，呈现出收敛压缩图形，将这些短期高点和低点分别以直线连接起来，就形成了一个相当对称的三角形，并且这个对称三角形成交量，随越来越小波度的股价变动而递减，三角形的顶点区域往往是敏感的最后变盘时机。

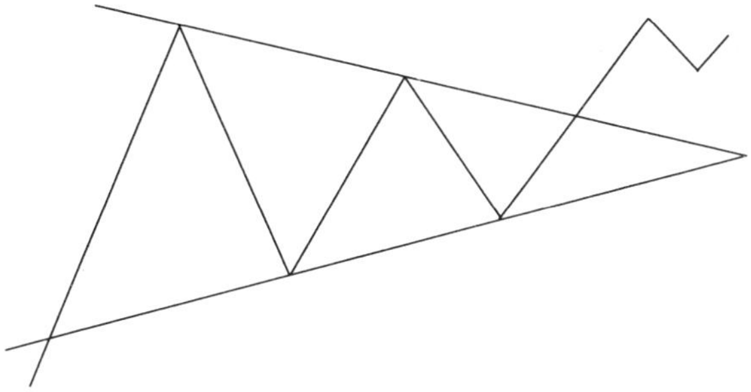

图 5-21 对称三角形示意图

（2）上升三角形。上升三角形形态通常回升高点的连线趋近于水平，而回档连线的低点逐步垫高，因而形成往上倾的上升斜线，而在整理形态的末端，伴随着攻击量能的扩增，一般往上突破的机会较大，如图 5-22 所示。

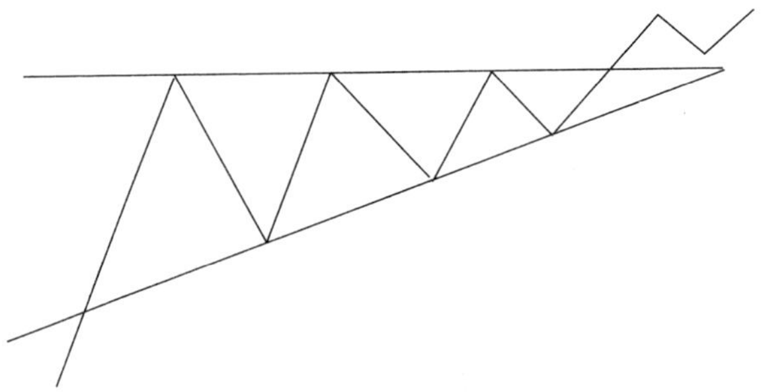

图 5-22　上升三角形示意图

在此形态中价格在某水平呈现强大的卖压，价格从低点回升到水平便告回落，但市场的购买力仍十分强，价格未回至上次低点便及时反弹，持续使价格随着阻力线的波动而日渐收窄。若把每一个短期波动高点连接起来，便可画出一条阻力线。而每一个短期波动低点则可相连出另一条向上倾斜的线，便形成上升三角形。成交量在形态形成的过程中不断减少。

（3）下降三角形。下降三角形的形状与上升三角形恰好相反，价格或指数在某水平线出现相当大的支撑时，价格或指数回落到该水平线时便反弹，但市场卖力又十分强劲，未回至上次高点又开始回落，这样价格或指数随着一条支撑水平线波动日渐收窄，将每次反弹的高点和回落的低点连接起来，就构成一个向下倾的三角形，即下降三角形，如图 5-23 所示。下降三角形同样是多空双方的较量表现，然而多空力量与上升三角形所呈现的情形相反。

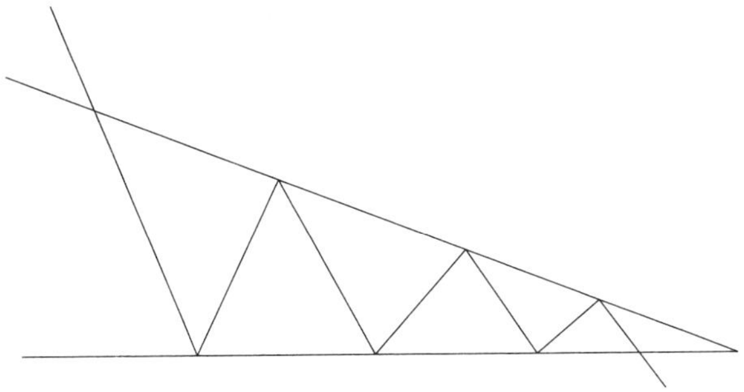

图 5-23 下降三角形示意图

2. 旗形形态

旗形形态，即价格进入盘旋整理阶段，多空双方争战虽呈拉锯战，但从图形上看，仍有一方居上风，使行情逐步上升或下移，若将价格移动上端与下端各连成一条直线，会出现两种图形，一是上升旗形，二是下降旗形。

（1）上升旗形。上升旗形是价格或指数经过一段时间的上涨后出现一轮下跌回调，如果将其下跌走势中的反弹的高点用直线连接起来，再将下跌走势中回落的低点也用直线连接起来，就可以发现其图形像一面挂在旗杆上迎风飘扬的旗子，这种形态就是上升旗形，如图 5-24 所示。

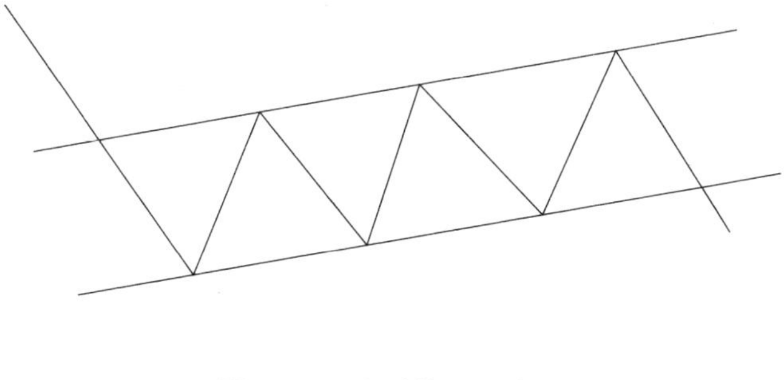

图 5-24 上升旗形示意图

（2）下降旗形。下降旗形与上升旗形的市场意义正好相反，下降旗形是价格或指数经过连续的下跌后，由于低位的承接买盘逐渐增加，迎来一轮反弹上涨的行情，形成了一个稍微向上倾斜的密集成交区，就像一个倒插旗杆的旗子，这种形态就是下降旗形形态，如图5-25所示。

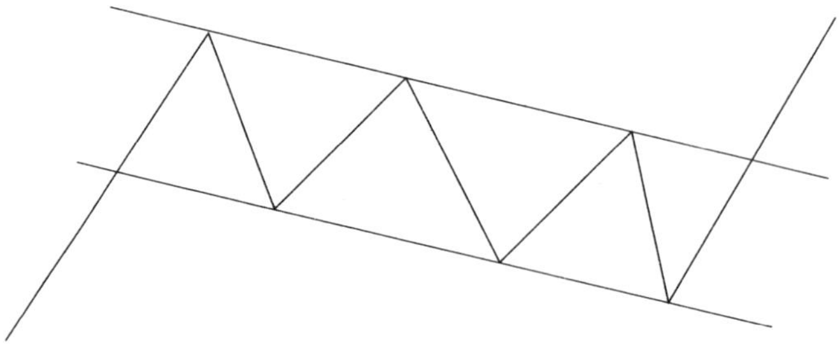

图 5-25　下降旗形示意图

3. 楔形形态

楔形形态和下降三角形有点相似，其最大的特征是上下两边同向收敛的形态，最终收敛为一个三角形。一般是呈现非常明显的通道走势特征，随着时间的推移，趋势力量逐渐减弱，在最终收敛的三角形位置形成转折；有上升楔形和下降楔形两种走势。

（1）上升楔形。在上升楔形形态中，反弹高点的连线和下跌低点的连线相交于右上方，其形状构成一个向上倾斜的楔形，但最终价格或指数跌破支撑线向下滑落，上升楔形形态完成，如图5-26所示。

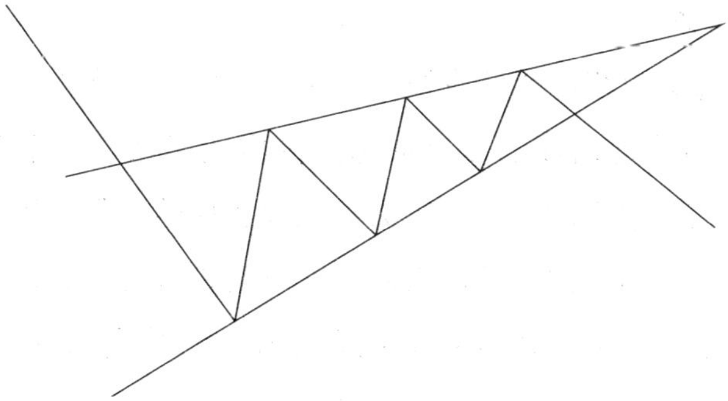

图 5-26　上升楔形示意图

上升楔形形态一般出现在下跌趋势中，它具有看跌的意味。当我们在一个持续了较长时间的上升趋势中发现了上升楔形时，同样具有看跌的意义，这常常是市场见顶的表现。

（2）下降楔形。下降楔形和上升楔形相反，一般出现在长期升势的中途，指价格经过一段大幅上升后，出现强烈的技术性回抽。价格从高点回落，跌至某一低点即掉头回升，但回升高点较前次为低，随后的回落创出新低点，即比上次回落低点低，形成后浪低于前浪之势，把短期高点和短期低点分别相连，形成两条同时向下倾斜的直线，组成了一个下倾的楔形，如图 5-27 所示。

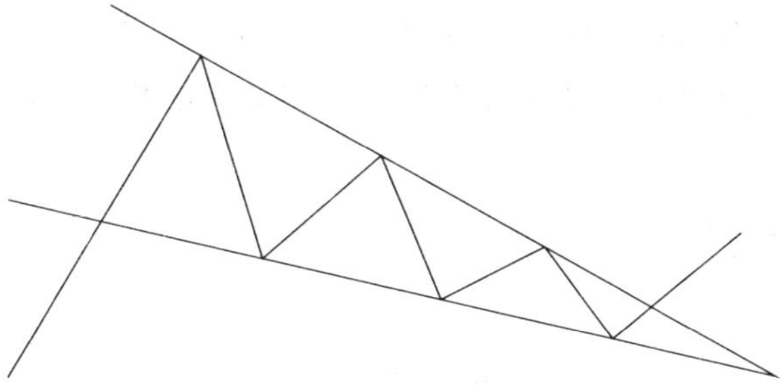

图 5-27　下降楔形示意图

4. 矩形形态

矩形形态又叫箱形整理或箱体震荡，是价格或指数由两条水平的上下界线区间波动而成的盘整形态。价格或指数在某个范围之内波动，当上升到某水平时，遇到阻力抛压掉头回落，但在下方某处便获得支持而回升，但是回升到前次同一高点时再次受阻，而挫落到上次低点时则又获得支持，将这些短期高点和低点分别用直线连接起来，便可以绘出一条水平通道，通道既非上倾又非下降，而是平行发展，这就是箱体震荡形态，简称箱体，如图 5-28 所示。

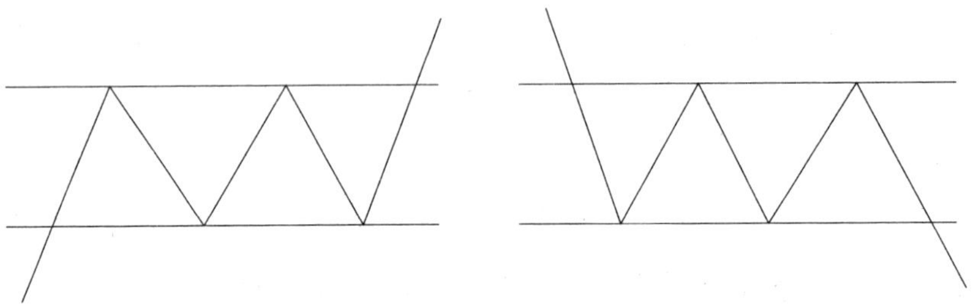

图 5-28　矩形示意图

从广义而言，所有价格变动范围都可以看作是由不同的箱体组成的，所以实战时也有着其一套体系操作理论，俗称“箱体理论”，即一旦价格有效突破原箱体的顶部或底部，其就会进入一个新的箱体里运行，原箱体的顶部或底部将成为重要的支撑位和压力位。

四、技术分析的技术指标

技术指标分析是指在期货价格、成交量和持仓量数据的基础上，按一定的计算方法设计出特定的技术指标，产生指数值和图表，并以此来分析和预测未来价格的变化。

常见的技术指标有移动平均线（MA）、平滑异同移动平均线（MACD）、相对强弱指标（RSI）、随机指标（KDJ）、威廉指标（WMS%）等。在此，我们重点介绍移动平均线（MA）和平滑异同移动平均线（MACD）这两个指标。

（一）移动平均线

移动平均线（MA），代表连续若干天收盘价的算术平均值，是将包括当天在内的最近一段时间的收盘价相加，再除以天数 n，得到当天价格的平均数，并以此绘制的曲线。

1. 移动平均线的计算

移动平均线的计算公式为：

$$\mathrm{MA}=(C_1+C_2+C_3+\cdots+C_N)\div N$$

例如，MA5 代表 5 日均线，计算时取 N=5，MA10 代表 10 日均线，依次类推。

2. 移动平均线的应用

移动平均线具有追踪趋势，助涨助跌性和支撑压力性的特征。在投资分析中，投资者往往可以根据背离、交叉、支撑和压力等分析方式，判断买入和卖出信号。

按时间的长短划分，移动平均线可分为短期、中期、长期 3 种，综合观察长期、中期、短期移动平均线，可以研判市场的多重倾向。较短周期移动平均线向上穿越较长周期移动平均线的现象就叫黄金交叉，这种形态代表多头气势转强。若此形态产生下方并无底部形态，则此黄金交叉代表在此筑底的可能性大增。较短周期移动平均线向下穿越较长周期移动平均线的现象就叫死亡交叉，代表空头气势转强。若此情形产生上方并无头部形态则此死亡交叉代表在此构筑头部的可能性大增。如果 3 种移动平均线并列上涨，该市场呈多头排列；如果并列下跌，该市场呈空头排列。

（二）平滑异同移动平均线

平滑异同移动平均线（MACD）是 Geral Appel 于 1979 年提出的，利用收盘价的短期（常用为 12 日）指数移动平均线与长期（常用为 26 日）指数移动平均线之间的聚合与分离状况，对买进、卖出时机作出研判的技术指标。

1. 平滑异同移动平均线的计算

一般以 EMA1 的参数为 12 日（慢速移动平均线），EMA2 的参数为 26 日（快速移动平均线），以 DIF 的参数为 9 日为例来看看 MACD 的计算过程：

（1）计算指数移动平均值（EMA）。

12 日 EMA 的算式为：EMA（12）= 前一日 EMA（12）× 11/13+ 今日收盘价 × 2/13

26 日 EMA 的算式为：

EMA（26）= 前一日 EMA（26）× 25/27+ 今日收盘价 × 2/27

（2）计算离差值（DIF）。其公式为：

DIF= 今日 EMA（12）－今日 EMA（26）

（3）计算 DEA。

DIF 的 9 日 EMA 根据离差值计算 9 日的 EMA，即离差平均值是所求的 MACD 值。为了不与指标原名相混淆，此值又名 DEA。其公式为：

今日 DEA= 前一日 DEA × 8/10+ 今日 DIF × 2/10

（4）柱状线 BAR 在 MACD 指标上还有一个柱状线，它是 DIF 值减去 DEA 值的差再乘以 2，即 BAR=（DIF−DEA）×2。

2. 平滑异同移动平均线的应用

平滑异同移动平均线（MACD）是两线一柱，我们可以从两线的值、两线的交叉、两线的形态以及柱状线的变化方面来进行分析判断。

（1）当 DIF 向下跌破零轴线时，表明快速线的 EMA 与慢速线的 EMA 发生死亡交叉，此时为卖出信号；当 DIF 上穿零轴线时，表明快速线的 EMA 与慢速线的 EMA 发生黄金交叉，此时是买入信号。

（2）当 DIF 和 DEA 均为正值时表明此时是多头市场，如果 DIF 向上突破 DEA 形成金叉，经典分析认为是买入的信号；当 DIF 和 DEA 均为负值时表明此时是空头市场，如果 DIF 向下突破 DEA 形成死叉，经典分析认为是卖出的信号。

（3）当 DIF 和 DEA 均为正值且 DIF 在 DEA 之上，表明趋势向上，此时若 DIF 回落到 DEA 附近，表明是上涨趋势的回档，并不能认为是趋势的逆转。同理，当 DIF 和 DEA 均为负值且 DIF 在 DEA 之下，表明趋势向下，此时若 DIF 反弹到 DEA 附近，表明是下跌趋势当中的反弹，并不能认为是趋势的逆转。

（4）当 DIF 和 DEA 均为正值，此时 DIF 下穿 DEA 表明多头趋势放缓，可能会迎来转势；当 DIF 和 DEA 都为负值，此时若 DIF 上穿 DEA 表明空头趋势放缓，可能会迎来转势。

（5）当 DIF 和 DEA 都是负值且股价在较低位，此时若 DIF 出现两次或者 3 次对 DEA 的向上交叉，表明空头趋势枯竭，即将迎来转势，是买入的信号；当 DIF 和 DEA 都是正值且股价在较高位，此时若 DIF 出现两次或者 3 次对 DEA 的向下交叉，表明多头趋势枯竭，即将迎来转势，是卖出的信号。

（6）指标的背离。当股价出现两个或3个近期低点，而DIF（DEA）并不配合出现新低点，可做买入；当股价走势出现两个或3个近期高点时，而DIF（DEA）并不配合出现新高点，可做卖出。

（7）柱状线的变化。当MACD的值为负，柱状线为绿色，当绿色线变长，表明空头趋势在加速，绿线变短，表明空头趋势在减弱，柱状线由绿转红表明趋势向多头方向发展；当MACD的值为正，柱状线为红色，当红色线变长，表明多头趋势在加速，红线变短，表明多头趋势在减弱，柱状线由红转绿表明趋势向空头方向发展。

（三）相对强弱指标

相对强弱指标（RSI），也称为相对强弱指数、相对力度指数。相对强弱指标是通过比较一段时期内的平均收盘涨数和平均收盘跌数来分析市场买卖盘的意向和实力，从而推测价格未来的变动方向的技术指标。

强弱指标的取值在0与100之间，当RSI大于50时表示为强势市场，低于50时表示为弱势市场。考虑RSI取值的大小，按照表5-1的做法，将0～100分成4个行动区域，投资者可以根据每个区域的市场特征做出相应的投资决策。

表5-1　相对强弱指标应用

RSI值	市场特征	投资决策
80～100	极强	卖出
50～80	强	买入
20～50	弱	卖出
0～20	极弱	买入

投资者也可以根据 RSI 与价格是否背离做出投资决策。当 RSI 处于高位，并形成一峰比一峰低的两个峰，而对应的价格是一峰比一峰高，形成顶背离，这是比较强烈的卖出信号，如图 5-29 所示。与此相反的是底背离，RSI 在低位形成两个依次上升的谷底，而价格还在下降，这是买入的信号。

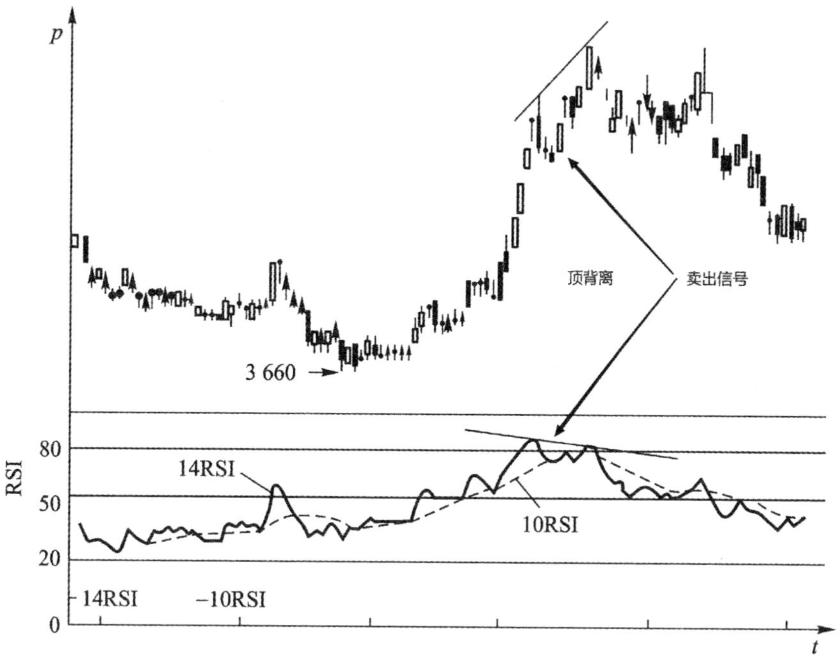

图 5-29　RSI 与价格的顶背离示意图

（四）随机指标

随机指标（KDJ）是一种相当新颖、实用的技术分析指标，它起先用于期货市场的分析，后被广泛用于股市的中短期趋势分析，是期货和股票市场上最常用的技术分析工具。随机指标一般是用于股票分析的统计体系，根据统计学原理，通过一个特定的周期（常为 9 日、

9 周等）内出现过的最高价、最低价和最后一个计算周期的收盘价及这三者之间的比例关系，来计算最后一个计算周期的未成熟随机值（RSV），然后根据平滑移动平均线的方法来计算 K 值、D 值与 J 值，并绘成曲线图来研判股票走势。

在应用方面，可以从取值方面考虑。KD 的取值范围在 0 ～ 100%，将其划分为三个区域：超买区、超卖区、徘徊区。通常，80% 以上为超买区，20% 为超卖区，其余为徘徊区。

也可以从 KDJ 指标曲线的形态方面考虑，利用形态、支撑线、压力线等进行分析。KDJ 指标由 3 根曲线组成，移动速度最快的是 J 线，其次是 K 线，最慢的是 D 线。当 J 大于 K、K 大于 D 时，即 3 条指标曲线呈多头排列，显示当前为多头市场；当 3 条指标出现黄金交叉时，指标发出买入信号；当 3 条指标曲线呈空头排列时，表示短期是下跌趋势。3 条曲线出现死亡交叉时，指标发出卖出信号。如果 KD 线交叉突破反复在 50 左右震荡，说明行情正在整理，此时要结合 J 值，观察 KD 偏离的动态，再决定投资行动。

（五）威廉指标

威廉指标（WMS%）又称为威廉超买超卖指数，威廉指标利用最低价和收盘价之间的关系，来判断股市的超买超卖现象，预测股价中短期的走势。它主要是利用震荡点来反映市场的超买超卖行为，分析多空双方力量的对比，从而提出有效的信号来研判市场中短期行为的走势。该指标介于 0 ～ 100%。若收盘价接近于最高价，则该指标越接近于 0；若收盘价接近于最低价，则该指标越接近于 100%。当 WMS% 高于 80% 时，说明市场价格处于超卖状态，有可能见底反弹；当 WMS% 低于 20% 时，说明市场价格处于超买状态，有可能见顶下跌。

五、技术分析的量价分析

期货市场量价分析是指在研究期货价格的变化和成交量、持仓量的增减变化三者关系的基础上，分析判断未来期货价格走势。

（一）成交量与持仓量

期货合约的成交量是一段时间（一般为5分钟、15分钟、30分钟、小时、日、周、月和年等）里买入的合约总数或卖出的合约总数。持仓量指的是到某日收市为止，既没有对冲了结，又没有到期交割的合约数量。

期货投资者的交易行为会影响到期货的成交量与持仓量的变化。通常表现为3种情况：第一，当新的买入者和卖出者同时入市时，持仓量增加；第二，当买卖双方有一方做平仓交易时（换手），持仓量不变；第三，当买卖双方均为原交易者，双方均为平仓时，持仓量减少，如表5-2所示。

表5-2　交易行为与持仓量的变化

买方	卖方	持仓量的变化
多头开仓	空头开仓	增加（双开仓）
多头开仓	多头平仓	不变（多头换手）
空头平仓	空头开仓	不变（空头换手）
空头平仓	多头平仓	减少（双平仓）

（二）成交量与价格的关系

量价理论是一种衡量股价的理论，最早见于美国股市分析家葛兰碧（Joseph E.Granville）所著的《股票市场指标》。葛兰碧认为成交量是股市的元气与动力，成交量的变动，直接表现股市交易是否活跃，人气是否旺盛，而且体现了市场运作过程中供给与需求间的动态实况，没有成交量的发生，市场价格就不可能变动，也就无股价趋势可言，成交量的增加或萎缩都表现出一定的股价趋势。量价理论同样在期货市场适用。投资者可以通过成交量和价格的变化在市场上的反映来预测未来的价格趋势，如表 5-3 所示。

表 5-3　交易行为与持仓量的变化

价格	成交量	内部市场变化	预期后市
上升	增加	正常市场行情（量增价涨）	上涨
上升	减少	上涨动力不足	反转回跌
下降	增加	量价背离	上涨
下降	增加	跌破价格形态，支持线或移动平均线	下跌
下降	减少	市场进入调整期	下跌

（三）持仓量与价格的关系

在期货交易中，持仓量增加，表明资金流入期货市场。反之，则说明资金正流出期货市场。分析持仓量的变化可推测资金在期货市场的流向和主力资金的交易行为，有助于投资者判断下一步价格波动的方向。持仓量与价格的关系，如表 5-4 所示。

表 5-4　持仓量与价格的关系

价格	持仓量	内部市场变化	预期后市
上升	增加	多头买进	上升
下降	增加	空头卖出	下跌
上升	减少	空头平仓	短期上升
下降	减少	多头平仓	短期下跌

（四）成交量、持仓量与价格三者之间的关系

成交量、持仓量与价格三者之间的关系主要表现为：如果成交量、未平仓量的增减与价格升降同方向变化，则目前的价格趋势仍将维持一段时间；如果成交量、未平仓量增减与价格升降反方向变化，则目前的价格走势将会逆转；如果成交量与未平仓量反方向变化，则无论是价格上升还是下降，后市都将发生反转。如表 5-5 所示。

表 5-5　成交量、持仓量与价格的关系

价格	成交量	持仓量	市场内部变化	预期后市
上升	增加	增加	新买方大量买进	上升
下降	增加	增加	新卖方大量卖出	近期价格将继续下跌，但若过度抛售，则价格可能反弹回升
上升	减少	减少	空头大量补进平仓	短期价格上升，不久可能回落
下降	减少	减少	多头大量抛售平仓	市场出现技术性调整，短期价格可能继续下跌
上升	增加	减少	空头补进平仓、多头获利回吐	下跌
下降	增加	减少	多头抛售平仓、空头获利回吐	上升

六、实训操作

介绍完技术面分析的基础理论知识后，老师选择一个商品期货品种和一个金融期货品种分别进行技术面分析，让学生熟悉、掌握技术面分析的几种方法。例如，如果要对螺纹钢主力合约 rb2310 进行技术面分析，预测其未来价格变动的趋势，那么我们可以利用技术分析方法中的其中一两种进行分析，先画出价格走势的趋势线，从目前的运行趋势来看，价格处于缓慢上升阶段，只要价格在上升趋势线上方运行，后续将继续上涨。接着可以运用技术指标 MA、MACD 或者 KDJ 进行进一步的分析，从 MA 指标来看，目前价格处于 MA5、MA10 和 MA20 上方，移动平均线有向上运行的趋势，后续价格大概率会继续上涨。MACD 指标中的 DIF 和 DEA 交叉，但比较平缓。如果向上运行，那么后市价格也会继续上涨。从 KDJ 指标来看，目前已经交叉并且上扬，后市价格大概率会继续上涨。

老师讲解以后，学生选择某一个商品期货品种和一个金融期货品种进行技术面分析，并形成技术面分析报告。

第六章　期货交易

【实训目的】

通过实训，能够掌握期货交易的套期保值、投机和套利等交易方法。帮助投资者提高交易能力、降低投资风险、提高心理素质、了解市场等。

【实训内容】

套期保值交易，投机和套利的交易，利率期货的投机和套利，股指期货的投机和套利。

【实训方式】

老师讲解理论知识以后，学生在实验室利用同花顺期货通模拟软件进行操作，演练实训内容。

【实训学时】

6 学时左右，具体时间根据实际情况而定。

【实训预期成果】

在实验室进行模拟交易，教师现场观察，看学生是否掌握了期货交易的方法。课后学生对期货交易进行报告写作，分享交易心得及体会。

根据交易者交易目的不同，可以将期货交易行为分为三类：套期保值、投机和套利。下面分别介绍这三种期货交易。

第一节　期货套期保值

当今社会大宗商品价格和金融资产价格大幅波动已经成为常态，从事大宗商品生产和贸易以及消费的经济体如果进行纯现货操作等同于投机，很难规避商品价格波动的风险，所以为了规避现货价格波动的风险，企业和贸易商必须选择避险工具，而利用期货等衍生品进行风险规避是目前最好的方式之一。同样，进行金融资产投资的交易主体，也可以通过期货套期保值来规避金融资产价格波动的风险。

一、套期保值的概念

套期保值是指买入（卖出）与现货商品数量相当、交易方向相反的期货合约，以期在未来某一时间通过卖出（买入）期货合约，实现两个市场盈亏基本相抵，从而锁定成本或利润以规避价格风险。套期保值一般分为两大类别：一是买入套期保值，指的是在期货市场买入开仓，交易者担心未来价格上涨，隐含前提是手中无现货；二是卖出套期保值，指的是在期货市场卖出开仓，交易者担心未来价格下跌，隐含前提是手中有现货。

二、套期保值发挥作用的原理

（一）价格的趋同性

期货价格和现货价格受相同的经济因素和非经济因素影响。因此，期货价格和现货价格尽管在变动幅度上可能不一致，但变动趋势基本一致。

（二）价格的趋合性

期货市场实行《实物交割制度》，到期的期货合约必须进行实物交割。这样，期货价格与现货价格具有趋合性。即当期货合约临近到期日时，期现价格的差异应接近于零，否则就有套利的机会，套利者就会在现货与期货之间低买高卖。如图 6–1（a）所示，套利者会买入现货卖出期货进行套利。如图 6–1（b）所示，套利者会买入期货卖出现货进行套利。

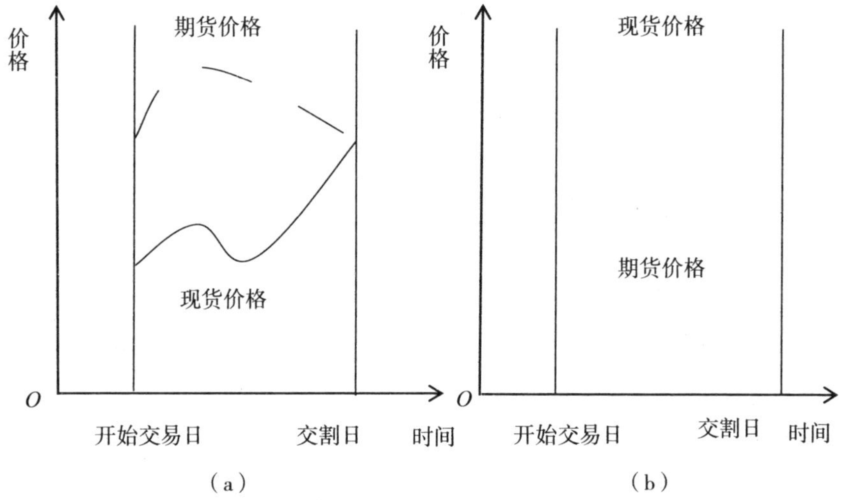

图 6–1　期货现货套利示意图

三、套期保值的四项原则

套期保值的目的是对冲现货价格风险，为了实现这一目的，在操作时必须遵守四项基本原则，如图 6-2 所示。当今市场出现的一些保值风险案例，不是套期保值本身存在的风险，而是对于参与保值原则问题的突破操作而带来的风险。

图 6-2 套期保值的四项原则

（一）商品种类相同原则

商品种类相同原则是指在做套期保值时，所选择的期货品种应该和需要对冲风险的现货商品相同。只有相同的商品，期货价格和现货价格之间才会形成较强的正相关关系，才能在价格走势上保持大致相同的趋势，否则所做的套期保值交易就很难达到规避价格风险的目的。若期货市场上没有相同的品种，则应该选择那些在价格走势上大致相同的同类产品。

（二）数量相等或相近原则

数量相等或相近原则是指在做套期保值交易时，在期货市场上买卖的数量应该与交易者需要对冲的商品数量基本相等。既然套期保值交易的目的是对冲现货风险，那么就应该是现货上有多少风险头寸就在期货上对冲多少。对冲的数量太少，必定有部分现货头寸风险依旧；对冲的数量过多，多余的头寸就成了投机头寸。

（三）交易方向相反原则

套期保值的目的是对冲现货价格风险，由于期货价格与现货价格具有正相关关系，对冲的前提自然是期货买卖的方向与现货方向是相反的。如果违反了交易方向相反的原则，所做的期货交易就不能称作套期保值交易了。因为这样做不仅达不到对冲价格风险的目的，反而增加了价格风险，其结果是要么同时在两个市场上亏损，要么同时在两个市场上盈利。

（四）月份相同或相近原则

月份相同或相近原则是指在做套期保值交易时，所选用的期货合约的交割月份最好与交易者将来在现货市场上实际买进或卖出的时间相同或相近。选用相同或相近时间的期货合约，一是可以使期货合约覆盖的时间与现货暴露的风险时间一致；二是随着期货合约交割期的到来，期货和现货之间的价格差会缩小，这两条都有利于增强套期保值的效果。

以上就是套期保值操作时需要遵守的四项基本原则，必须兼顾，忽略其中任何一个都有可能影响套期保值交易的效果。

四、基差变化与套期保值的效果

在套期保值或是对冲交易操作中，当期货波动与现货波动幅度是完全相同的，两个市场的盈亏是完全冲抵的，这种是理想化的套期保值。事实上，套期保值操作的效果更可能是不完全套期保值或非理想套期保值，即两个市场盈亏只是在一定程度上相抵，而非刚好完全相抵。在导致这个差异原因中，现货市场和期货市场价格变动幅度的不完全一致是最常见的情形。所以引入了基差的概念来分析期现价格变动幅度不一致带来的对套期保值效果的影响。

（一）基差的概念

基差是反映期货价格与现货价格之间实际运行变化的动态指标，是由现货价格与期货价格变化幅度不一致引起的。用公式可表示为：

基差＝现货价格－期货价格

通常情况下，期货价格大于现货价格，基差应该为负值。基差小于0的市场称为正向市场，基差大于0的市场称为反向市场。基差走强：现货价格涨幅大于期货价格涨幅，以及现货价格跌幅小于期货价格跌幅。这意味着，相对于期货价格表现而言，现货价格走势较强。基差走弱：现货价格涨幅小于期货价格涨幅，以及现货价格跌幅小于期货价格跌幅。这意味着，相对于期货价格表现而言，现货价格走势较弱。

（二）基差变化与套期保值的效果

1. 买入套期保值

对于买保（一般情况下，预期未来可能上涨）而言，如果基差走强，说明现货涨幅大于期货涨幅，参与保值后，不能完全弥补现货损失；如果基差走弱，说明现货涨幅小于期货涨幅，参与保值后，不仅能完全弥补现货损失，还有额外盈利。

2. 卖出套期保值

对于卖保（一般情况下，预期未来可能下跌）而言，如果基差走强，说明现货跌幅小于期货跌幅，参与保值后，不仅能完全弥补现货损失，还有额外盈利；如果基差走弱，说明现货跌幅大于期货跌幅，参与保值后，不能完全弥补现货损失。

以上是基差变化与套期保值的效果，总结如表 6–1 所示。

表 6–1　基差变化与套期保值的效果

基差变动情况	套期保值种类	套期保值效果
基差走强	卖出套期保值	完全保护有额外盈利，最佳保值效果
基差走强	买入套期保值	不完全保护，规避部分现货损失
基差走弱	卖出套期保值	不完全保护，规避部分现货损失
基差走弱	买入套期保值	完全保护有额外盈利，最佳保值效果

五、实训操作

在熟悉套期保值基本原理和理论后，学生选择自己熟悉的期货合约，假定需要对该合约标的资产现货进行套期保值。依据同花顺期货通行情软件提供的行情，设计套期保值方案，并分析基差变化对套期保值效果的影响。实训步骤和内容如下。

（一）确定套期保值的现货资产

学生可以假设自己是一个农场主、贸易中间商或公司的董事长，正在生产、采购或买卖某一品种的现货商品，从而确定需要进行套期保值的现货资产。

（二）确定要保值资产的当前现货价格

学生通过网络查询确定要保值资产的当前现货价格，记录相关数据。根据现货价格未来可能变动的方向，去对未来价格进行预判。

（三）确定要保值资产的未来目标价格

借助同花顺期货通行情软件提供的期货市场行情，结合当前保值资产的现货市场价格，确定现货资产未来的目标价格，根据自身风险承受能力，进而决定是否应该进行套期保值。要求充分说明是否要进行套期保值的理由。

（四）构建套期保值策略

在上述的假设及分析基础上，确定套期保值期限、时机、方向以及合约的数量等具体内容。构建套期保值策略，并编制套期保值效果分析表，如表 6–2 所示。

表 6–2　套期保值效果分析表

分析内容	现货市场	期货市场	基差
构建			
了结			

续　表

分析内容	现货市场	期货市场	基差
盈亏			
保值效果			

（五）跟踪基差变化，分析套期保值效果

借助同花顺期货通行情软件，每隔一定的周期，如 10 分钟、15 分钟跟踪基差变化情况，动态监测基差变化对套期保值效果的影响。

第二节　期货投机交易

一、期货投机的概念

期货投机是指交易者通过预测期货合约未来价格的变化，以在期货市场上获取价差收益为目的的期货交易行为。期货投机的目的是获取价差收益，它具有高风险、高收益的特征。

（一）期货投机与套期保值的区别

1. 交易目的不同

期货投机交易以赚取价差收益为目的；而套期保值交易是利用期货市场规避现货价格波动的风险。

2. 交易方式不同

期货投机交易单纯由期货市场操作，进行期货合约买卖，从而获

取价差收益。

套期保值交易则是在期货市场上建立现货市场的对冲头寸，以期达到对冲现货市场的价格波动风险。

3. 交易风险不同

期货投机者在交易中为博取价差收益而主动承担风险，属于风险偏好型的投资者；套期保值者则通过期货交易规避现货价格风险，属于风险厌恶型的投资者。

（二）期货投机与股票投机的区别

期货投机与股票投机本质上都是通过承担风险来获取价差收益的，但在交易规则与风险上还是具有一定区别的，如表 6–3 所示。

表 6–3　期货投机与股票投机的区别

交易制度	期货投机	股票投机
交易方向	双向交易	单向交易
保证金制度	保证金交易	足额交易
结算制度	当日无负债结算	每日不结算
到期日	有特定到期日	无特定到期日

二、期货投机的作用

（一）承担价格风险

期货投机者主动承担价格风险去获取高风险收益，从而使套期保值者实现规避价格风险的目的。

（二）促进价格发现

期货投机者充分收集整理有关价格变动信息，分析市场行情，从而获取价差收益成为现货市场价格的风向标（期货价格＋升贴水），因而具有价格发现的功能。

（三）减缓价格波动

期货投机者的适度投机可以使期货市场价格波动得到减缓。当市场供给大于需求时，投机者通过低价买入期货合约，使期货价格上升，促使供求趋于均衡；当市场供给小于需求时，投机者通过高价卖出期货合约，使期货价格下降，促使供求趋于均衡。

（四）提高市场流动性

期货投机者的适度投机可以活跃期货市场交易，保证交易量，提高期货市场的流动性。

三、期货投机的交易

详见本书第三章期货交易流程相关内容。

四、实训操作

通过同花顺期货通模拟交易进行投机操作，要求每个学生交易 5 笔以上，掌握期货投机的技巧和方法，并熟练操作。

第三节 期货套利

一、期货套利的概念

期货套利是指在期货市场上利用不同月份、不同市场、不同商品之间的差价，同时买入和卖出不同的期货合约（或商品），待差价向着有利方向变化时，再作卖出和买入相应期货合约（或商品），以从中获得风险利润的交易行为。

期货套利暗含的前提是：介入时的价差存在不合理性，以其介入后价差回归正常水平并顺利平仓出局，获取该部分不合理的价差。

二、期货套利的特点及本质

期货套利的特点是交易者要同时在相关合约上进行相反的交易，同时建多和建空，因而套利交易有两条“腿”。

期货套利的本质也是投机（单纯意义上的投机，利用期货价格的上涨或下行趋势获取利润），是利用不合理价格差异来谋取低风险利润的一种价差投机的交易方式，如图 6-3 所示。

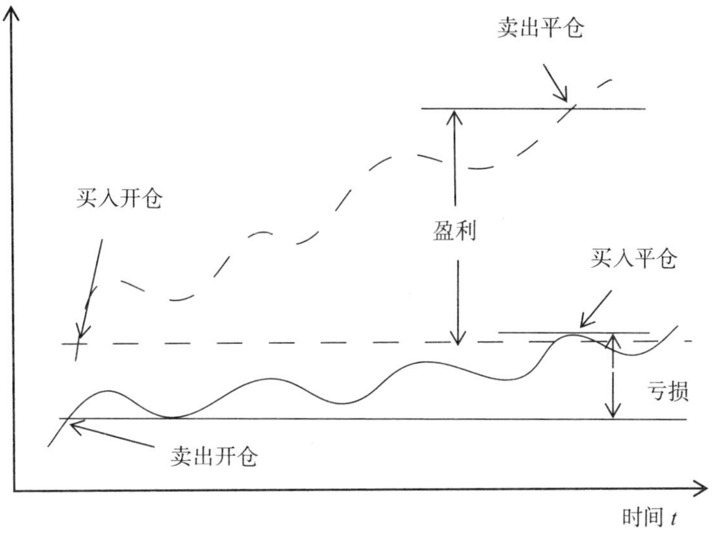

图 6-3　期货套利操作示意图

虽然套利本质上也是投机，但期货套利和投机还是存在一定的区别的，主要体现在交易方式、利润来源、风险程度、交易成本以及参与主体这几个方面，具体区别如表 6-4 所示。

表 6-4　期货投机与期货套利的区别

交易制度	期货投机交易	期货套利交易
交易方式	买卖单一合约	同时买卖两份相关合约
利润来源	价格绝对变动	价格相对变动
风险程度	大	较小
交易成本	大	小
参与主体	普通投资者	机构大资金

三、期货套利的分类

期货市场的套利交易主要可以分为三种形式：跨期套利、跨市套利、跨品种套利。

（一）跨期套利

跨期套利是指投机者在同一市场利用同一种商品不同交割期之间的价差的变化，在买进某一交割月份合约的同时，卖出另一交割月份的同品种期货合约，以获取价差收益。跨期套利仅与不同交割期之间的价差变化趋势有关，与商品的绝对价格无关。

跨期套利具体又可分为牛市套利、熊市套利和蝶式套利三种形式。

1. 牛市套利

牛市套利是指近月合约价格上涨幅度大于远月合约，或者近月合约价格下降幅度小于远月合约，无论是处于正向市场还是反向市场，买入近月合约的同时卖出远月合约，盈利的可能性较大。

2. 熊市套利

熊市套利是指近月合约价格上涨幅度小于远月合约，或者近月合约价格下降幅度大于远月合约，买入远月合约的同时卖出近月合约，可通过套利获利。这是因为在这两种情况下，近月合约的市场均弱于远月合约。

3. 蝶式套利

蝶式套利是由共享居中交割月份的一个牛市套利和一个熊市套利的组合形成的。利用不同交割月份期货合约之间的价差进行套期获利，由两个方向相反、共享居中交割月份合约的跨期套利组成，是

"套利的套利"。蝶式套利的原理是套利者认为中间月份合约的价格相对于两旁合约来说，一边表现为价差过小，一边却表现为价差过大，未来能够趋向正常。

4. 价差变动与套利效果的关系

价差变动与套利效果的关系具体如表 6-5 所示。

表 6-5 价差变动与套利效果的关系

套利方式	市场状态	价差变动	套利效果
牛市套利 买近卖远	正向市场	价差缩小	两个市场盈亏相抵后存在净盈利
	反向市场	价差扩大	两个市场盈亏相抵后存在净盈利
熊市套利 买远卖近	正向市场	价差扩大	两个市场盈亏相抵后存在净盈利
	反向市场	价差缩小	两个市场盈亏相抵后存在净盈利

（二）跨市套利

投机者在某个市场买入（或卖出）某种商品某一交割月份的合约时，在另一个市场上卖出（或买入）对应的同种商品合约，利用两个市场的价差变动来获得收益。同种商品在两个交易所中的价格差额超出了运送交割费用时，它们的价格预计将会缩小，并在未来某个时期真正体现跨市场交割的成本。当同一品种的期货合约在两个或多个交易所进行交易时，由于国家、地区等差异，各合约之间存在一定的价差关系。因此，进行跨市套利时应格外注意运费、关税、汇率、交割品质、保证金和佣金成本等影响因素。

（三）跨品种套利

跨品种套利是指利用两种不同的、但又相互关联的商品期货合约的价格差异进行套利，即买入（卖出）某种商品某一交割月份的合约时，卖出(买入）相同交割月份的关联商品的期货合约。

1. 相关商品之间的套利

相关商品一般是指商品之间存在替代、互补或某种稳定合理的比值关系，一旦商品之间的比值偏离合理的区间，则存在套利空间。一般来说，商品的价格总是围绕着其内在价值上下波动，而不同的商品因其内在的某种联系，使得它们的价格存在着某种稳定合理的比值关系。但由于受市场、季节、政策等因素的影响，这些相关联的商品之间的比值关系又经常偏离合理的区间，表现为一种商品被高估，另一种商品被低估，或相反，从而为跨品种套利带来了可能。在此种情况下，交易者可以通过期货市场卖出被高估的商品合约，买入被低估的商品合约进行套利，等有利时机出现后分别平仓，从中获利。例如，小麦和玉米均可用作食品加工及饲料，两者之间具有替代性，价格有相似变化趋势，因此可以进行小麦和玉米之间的套利。

2. 原材料与制成品之间的套利

原材料与制成品之间的套利是指利用原材料商品和它的制成品之间的价格关系进行套利。比较典型的是大豆与其两种制成品——豆油和豆粕之间的套利。这 3 种商品之间的套利又有两种做法，分别为大豆提油套利和反向大豆提油套利。大豆提油套利和反向大豆提油套利首先需要判断价差是否合理，可以利用原材料和制成品之间的转化关系以及企业的利润来源进行判断，一旦偏离合理的区间，则存在套利空间。

（1）大豆提油套利。大豆提油套利是大豆加工商在市场价格关系基本正常时进行的，目的是防止大豆价格突然上涨，或豆油、豆粕价格突然下跌，从而产生亏损或使已产生的亏损降至最低。由于大豆加工商对大豆的购买和产品的销售不能够同时进行，因而存在着一定大豆提油套利的价格变动风险。

大豆提油套利的做法是：购买大豆期货合约的同时卖出豆油和豆粕的期货合约，当在现货市场上购入大豆或将成品最终销售时再将期货合约对冲平仓。这样，大豆加工商就可以锁定产成品和原料间的价差，防止市场价格波动带来的损失。套利者在进行大豆提油套利时可以利用大豆和豆油、豆粕之间的转化关系以及企业的利润来源进行判断。

一般来说，大豆、豆油、豆粕三者之间的关系符合等式：100% 大豆 =18% 豆油 +78.5% 豆粕 +3.5% 损耗。大豆压榨利润符合等式：利润 =18% 豆油 × 销售价格 + 78.5% 豆粕 × 销售价格 − 100% 大豆 × 购进价格 − 加工费用。假设大豆压榨利润为 R，大豆价格为 A，豆油价格为 Y，豆粕价格为 M，则有：$R=0.8\times M+0.17\times Y-A-100$（加工费）。结合公式可推知，投资者在进行大豆提油套利操作时，买入大豆、卖出豆粕、豆油的比例约为 1 : 0.8 : 0.2，即 5 : 4 : 1。

（2）反向大豆提油套利。反向大豆提油套利是大豆加工商在市场价格反常时采用的套利。当大豆价格受某些因素的影响出现大幅上涨时，大豆可能与其制成品出现价格倒挂，大豆加工商将会采取反向大豆提油套利。

反向大豆提油套利的做法是：卖出大豆期货合约，买进豆油和豆粕期货合约，同时缩减生产，减少豆粕和豆油的供给量，三者之间的价格将会趋于正常，大豆加工商在期货市场中的盈利将有助于弥补现货市场中的亏损。

一般来说，油厂的国产大豆压榨利润的计算公式：利润 =16.5% 豆油 × 销售价格 +80% 豆粕 × 销售价格 −100% 大豆 × 购进价

格 -120(加工费用)。根据压榨利润计算公式，大豆、豆粕、豆油的期货头寸比例设为 6：5：1。

四、期货套利的价差判断

期货价差是指期货市场上两个不同月份或不同品种期货合约之间的价格差。期货套利者主要是通过预测不同合约之间未来价差的变动来进行投机，从而获取风险收益。因此，对价差的判断是期货套利的关键，一般而言，对不同合约价差的判断主要有以下两种方法。

（一）理论判断

某期货套利者想对棉花 2023 年 7 月和 11 月的合约进行套利，其中 2023 年 7 月交割的棉花期货价格是 16530 元 / 吨，2023 年 11 月交割的棉花期货价格是 16820 元 / 吨，那么套利者首先必须知道这两份合约是否存在套利机会？只有存在套利机会，也就是两份合约存在不合理的价差，套利者才会进行套利交易。那么怎样判断价差是否合理？从理论上进行分析，一般对于跨期套利而言，远月合约的价格等于近月合约的价格加上持仓成本。在进行理论价差分析时，假设棉花在 2023 年 7 月交割接货储存至 11 月卖出（交割）的费用包括交易交割手续费、仓储费、增值税、资金成本等，主要反映为持仓费。那么合理的价差：11 月合约 =7 月合约 + 持仓成本。如果等式不成立，那么就存在不合理价差，此时就存在套利机会。现假设持仓成本合计为 230 元 / 吨，则我们发现两者存在套利机会，因为实际价差 290 元大于合理价差 230 元。那么套利者就会进行套利交易，采取“低买高卖”的套利交易策略即买入价格较低的“腿”，卖出价格较高的“腿”。

当价差向合理值趋近时，套利者就可以平仓获利。

（二）价差K线图技术分析判断

除了进行理论价差判断以外，还有一种方法就是利用不同合约的价差K线图进行判断，利用技术分析的方法通过价差的K线图形去判断价差是缩小还是扩大。这里依然以棉花2023年7月和11月的合约为例。棉花2023年7月和11月的价差K线图呈一定的趋势，这里我们可以利用技术分析的方法进行分析，预测两份合约未来价差的变动趋势。从技术分析看，两者的价差有向上走的趋势，也就是未来价差有缩小的趋势。那么，套利者采取的套利策略就是买入低价合约的同时卖出高价合约。

五、实训操作

熟悉软件中的标准套利，通过理论分析和技术分析去预测价差，从而做出套利决策。在规定实训课时做两笔以上的跨期套利交易。

掌握大豆提油套利和反向提油套利的方法。例如，2月25日，期货市场上9月豆粕期货收盘价格为1972元/吨，9月大豆为2646元/吨。在现货市场上，豆油平均价格为5900元/吨，大豆加工费用一般为120元/吨。压榨利润的公式：$R=0.8\times M+0.17\times Y-A-$加工费。那么请同学们思考：

（1）如果现货商以上述价格进行大豆的加工，其加工利润为多少？

（2）怎么进行套利操作？

第四节　利率期货交易

一、利率期货的概念

自20世纪70年代中期以来，为了治理国内经济和在汇率自由浮动后稳定汇率，西方各国纷纷推行金融自由化政策，以往的利率管制得以放松甚至取消，导致利率波动日益频繁而剧烈。

1975年10月，美国芝加哥商品交易所首先推出了国民抵押协会的抵押存款证（GNMA）的利率期货交易，开了利率期货交易的先河。随后，美国其他的期货交易所也纷纷推出各种利率期货合约。

利率期货是指以利率类金融工具为标的物的期货合约，利率类的金融工具包括银行存单、短期债券、中长期债券。

二、利率期货的交易

（一）套期保值

投资者利用利率期货进行套期保值时，主要是为了规避市场利率波动造成的利率类金融资产价格波动的风险，而市场利率与利率类金融资产价格具有很强的关联性，一般而言，市场利率上升，则利率工具的价格下降；市场利率下降，则利率工具的价格上升。

1. 利率期货卖出套期保值

利率期货卖出套期保值也称为空头套期保值，主要是为了防止因市场利率上升而导致的债券或债权价格下跌（或收益率相对下降），或未来融资利息成本上升的风险而采取的避险行为。通过在利率期货市场卖出相应的合约，从而在两个市场建立盈亏冲抵机制，规避利率上升的风险。适用对象主要是持有固定收益债券或债权的交易者，或者未来将承担按固定利率计息债务的交易者。

2. 利率期货买入套期保值

利率期货买入套期保值也称为多头套期保值，主要是为了防止未来因市场利率下降而导致债务融资相对成本上升，或未来买入债券或债权的成本上升（或未来收益率下降）而采取的避险行为。通过在利率期货市场买入相应的合约，从而在两个市场上建立盈亏冲抵机制，规避因利率下降而出现损失的风险。适用对象主要是承担按固定利率计息债务的交易者，或者未来将持有固定收益债券或债权的交易者。

（二）利率期货的投机

利率期货的投机就是通过买卖利率期货合约，从利率期货价格变动中博取风险收益的交易行为。若投机者预期未来利率水平将下降，利率期货价格将上涨，可买入期货合约，期待利率期货价格上涨后平仓获利；若投机者预期未来利率水平将上升，利率期货价格将下跌，可卖出期货合约，待利率期货价格下跌后平仓获利。在进行利率期货投机时，投资者必须进行利率期货的基本面和技术面的分析，在此基础上做出合理的投资决策，通过低买高卖或高卖低买来获取风险收益。

（三）利率期货套利

利率期货套利指的是利用相关利率期货合约间价差变动来进行投机套利，以获得价差收益。利率期货套利交易包括期货合约间套利策略和期现套利策略两大类。在利率期货交易中，跨市场套利机会一般很少，跨期套利、跨品种套利和期现套利机会相对较多。

1. 利率期货跨期套利

在利率期货交易中，当同一市场、同一品种、不同交割月份合约间在不合理的价差关系时，就存在着套利的潜在机会。投资者可以在近期、远期利率期货合约间进行牛市套利、熊市套利和蝶式套利。套利者可以选择某一个利率期货合约，如 10 年期国债的 2309 合约和 10 年期国债的 2312 合约进行跨期套利。

2. 跨品种套利

在利率期货交易中，当同一市场、相同交割月份、不同品种合约间存在不合理的价差时，就存在着跨品种套利的潜在机会。利率期货跨品种套利交易根据套利合约的标的不同，主要分为短期利率期货、中长期利率期货合约间套利和中长期利率期货合约间套利两大类。

（1）短期利率期货、中长期利率期货合约间套利。短期利率期货合约与中长期利率期货合约的标的物差异较大。投资者可以根据其不同合约期货价格变动的规律寻找相应的套利机会。

（2）中长期利率期货合约间套利。一般来说，市场利率上升，标的物期限较长的国债期货合约价格的跌幅会大于期限较短的国债期货合约价格的跌幅，投资者可以择机持有较长期国债期货的空头和较短期国债期货合约的多头，以获取套利收益；市场利率下降，标的物期限较长的国债期货合约价格的涨幅就会大于期限较短的国债期货合约的涨幅，投资者可以择机持有较长期国债期货的多头和较短期国债期货的空头以获取套利收益。

3. 期现套利

（1）经典无风险套利策略。利率期货无风险套利方法是指在判断市场某一时刻存在套利机会，瞬间进入期货和现货市场进行交易，以锁定一个无风险收益，这个无风险收益获得的保障是期货和现货的价格在到期交割时，两者价格趋于一致。此时，在期货和现货市场反向平仓，获利了结。期现套利的理论逻辑基础可以总结为：①通过到期交割日收敛的两个价格，考虑套利成本后，期货现货同时开仓；②持有至到期，两个价格收敛归一，平仓了结，获得的收益不会暴露在较大的价格风险下，是无风险收益。

（2）基于基差变化的期现套利策略。利用可交割现券和国债期货之间的预期变化，在国债现券和国债期货市场上同时进行交易。

三、实训操作

能熟练掌握利率期货的投机套利方法，进行投机、套利交易。学生利用同花顺期货通模拟交易软件进行分析，在交易时间内做利率期货的投机、套利，自己构建跨期套利和跨品种套利组合。

第五节　股指期货交易

一、股指期货的概念

股指期货是现代资本市场的产物，20 世纪 70 年代，西方各国受石油危机的影响，经济发展十分不稳定，利率波动剧烈，导致股票市场价格大幅波动，股票投资者迫切需要一种能够有效地规避风险、实现资产保值的金融工具。于是，股指期货应运而生。

股指期货是指以股价指数为标的资产的标准化期货合约。双方约定在未来某个特定时间，按事先确定好的价格进行标的指数的买卖。

二、股票市场风险和股指期货

1. 股票市场风险

（1）系统性风险。系统性风险是指对整个股票市场或绝大多数股票普遍产生不利影响导致股票市场变动的风险。这种风险主要是由政治、经济及社会环境等宏观因素造成，表现为政策风险、利率风险、购买力风险和市场风险等。投资者只能利用避险工具，如股指期货去规避和转移。

（2）非系统性风险。非系统性风险是指由于公司的经营管理、财务状况、市场销售、重大投资等因素发生重大变化，而导致对某一只股票或者某一类股票价格发生大幅变动的风险。这类风险投资者可以通过构建资产组合进行有效规避。

2. 股指期货

目前，我国期货市场的股指期货主要有 4 个品种，分别是沪深 300 股指期货、上证 50 股指期货、中证 500 股指期货和中证 1000 股指期货。以沪深 300 股指期货 2307 主力合约为例，对股指期货合约进行简单的解读。

股指期货合约以指数点进行报价，当前沪深 300 主力合约的最新报价是 3801.6 点，每一份合约的价值等于合约点数乘以合约乘数，沪深 300 股指期货的合约乘数是 300，即每点 300 元。

三、股指期货的交易

1. 套期保值

股指期货套期保值和其他期货套期保值一样，其基本原理是利用股指期货与股票现货之间的类似走势，通过在期货市场进行相应的操作来管理现货市场的头寸风险。不过不同于其他期货品种，股指期货进行套期保值时，需要注意股票资产组合与股票指数之间的风险度即 β 系数。它是确定套期保值数量的关键变量。

β 系数也称为贝塔系数，是一种评估证券系统性风险的工具，用以度量一种证券或一个投资证券组合相对总体市场的波动性，体现了特定资产的价格对整体市场波动的敏感性，即市场组合价值变动 1 个百分点，该资产的价值变动了几个百分点。

（1）单只股票的 β 系数。单只股票的系统风险用 β 系数来计量，通过以整个市场作为参照物，用单只股票的风险收益率与整个市场的平均风险收益率作比较。

$\beta=1$，表示股票的涨跌与指数的涨跌保持一致；$\beta>1$，表示股票的波动或风险程度高于以指数衡量的整个市场；$\beta<1$，表示股票的波动或风险程度低于以指数衡量的整个市场。例如，β=1.5，它表示该股收益率的增减幅度是指数收益率同方向增减幅度的1.5倍，例如，指数收益率增加3%，该股票收益率增加4.5%。

（2）股票组合的β系数。股票组合的系统风险用β系数来计量，通过以整个市场作为参照物，用股票组合的风险收益率与整个市场的平均风险收益率作比较。假定一个组合P由n只股票组成，第i只股票的资金比例为$X_i(X_1+X_2+\cdots+X_n=1)$；$\beta_i$为第$i$只股票的$\beta$系数。则有：

$$\beta=X_1\beta_1+X_2\beta_2+\ldots+X_n\beta_n \qquad (6-1)$$

当股票组合的β系数计算出来以后，股指期货套期保值中合约数量就可以利用式（6-2）来确定。

$$\text{买卖期货合约数}=\frac{\text{现货总价值}}{\text{期货指数点}\times\text{每点乘数}}\times\beta\text{系数} \qquad (6-2)$$

其中，期货指数点乘以每点乘数等于一张期货合约的价值。β系数越大，所需的期货合约数量就越多；β系数越小，所需的期货合约数量就越少。

（3）股指期货卖出套期保值。

股指期货卖出套期保值是指交易者为了回避股票市场价格下跌的风险，通过在股指期货市场卖出股票指数的操作，而在股票市场和股指期货市场上建立盈亏冲抵机制。适用情形：投资者持有股票组合，担心股市大盘下跌而影响股票组合的收益。

（4）股指期货买入套期保值。

股指期货买入套期保值是指交易者为了回避股票市场价格上涨的风险，通过在股指期货市场买入股票指数的操作，在股票市场和股指期货市场上建立盈亏冲抵机制。适用情形：投资者在未来计划持有股票组合，担心股市大盘上涨而使购买股票组合成本上升。

2. 股指期货投机

股指期货市场的投机交易是指交易者根据对股票价格指数和股指期货合约价格的变动趋势作出预测，通过看涨时买进股指期货合约，看跌时卖出股指期货合约而获取价差收益的交易行为。同样地，在进行股指期货投机时，交易者要分析股指期货的基本面和技术面。从技术面来看，一般股指期货的成交量、持仓量和价格之间存在一定的关系，投机者可以参考这些关系进行分析判断，如表 6-6 所示。

表 6-6 股指期货的成交量、持仓量和价格的关系

价格	成交量	持仓量	市场趋向
上涨	增加	上升	坚挺：新开仓增加，多头占优
上涨	减少	上升	疲弱：新开仓增加，空头占优
下跌	增加	下降	疲弱：平仓增加，空头平仓占优，主动性多仓不大
下跌	减少	下降	坚挺：平仓增加，多头平仓占优，主动性多仓不大
上涨	不活跃	上升	坚挺：多头占优的情况下平仓减少
上涨	减少	上升	疲弱：空头占优的情况下平仓减少
下跌	不活跃	下降	空头被逼平仓——空头可能在高位回补
下跌	增加	下降	多头被逼平仓——多头可能在低位回补

3. 股指期货套利

（1）股指期货期现套利。股指期货交割时采用现货指数，强制期货指数最终收敛于现货指数的作用。但在各种因素影响下，期货指数经常会与现货指数产生偏离，产生套利机会。判断是否存在期现套利机会，依据现货指数来确定股指期货理论价格非常关键，只有当实际的股指期货价格高于或低于理论价格时，套利机会才有可能出现。股指期货的理论价格一般等于股指现货价格加上持有成本，而对于股

票这种基础资产而言，不存在储存成本。持有股票的成本主要由两部分组成，一是资金占用成本，这可以按照市场资金利率来度量；二是持有期内可能得到的股票分红红利，这是持有资产的收入，属于负值成本。因此，持有股票的净持有成本等于资金占用成本减去持有期内可能得到的股票分红红利。股指期货的理论价格可以用公式 $F(t, T)=s(t)+s(t)\times(r-d)\times(T-t)/365$ 来表示。其中，$s(t)$ 为 t 时刻的现货指数，r 为融资年利率，d 为年股息率，T 为交割时间。多数情况下，股指期货合约实际价格与股指期货理论价格差不多存在偏离。

①期价高估。期价高估是指股指期货合约实际价格大于股指期货理论价格。当期价高估时，套利者可以在卖出股指期货的同时买入对应的现货股票进行套利。

②期价低估。期价低估是指股指期货合约实际价格小于股指期货理论价格。当期价低估时，套利者可以在买入股指期货的同时卖出对应的现货股票进行套利。

（2）股指期货跨期套利。股指期货跨期套利是指利用同一股指期货市场上不同月份的期货合约之间的价差，同时买卖不同月份的合约以从中获利的交易行为。跨期套利的基础是：建立在不同月份期货指数合约价差会规律性地收敛或扩大，投资者获得的只是不同月份指数期货合约的价差收益。股指期货跨期套利具体又分为多头跨期套利、空头跨期套利和蝶式跨期套利三种类型。

①多头跨期套利。当股票市场趋势向上时，投资者发现，交割月份较远的期货合约价格往往会比近期月份合约价格更容易迅速上升，即涨幅会大一些。此时投资者可以考虑在卖出近期月份合约的同时买进同等数量的远期月份合约，等到未来价格上涨后，远月合约与近月合约的价差将变大，在买入近期合约平仓的同时卖出远期合约平仓，从而赚取多涨的那部分价差。这种交易行为称为“多头跨期套利”。

可见，多头跨期套利盈利的条件是股票市场趋势要向上，此时的操作策略是“卖近买远”。但如果对股票市场趋势判断错误，即股票市场趋势向下，则很明显多头跨期套利就会出现亏损。如图 6-11 所示。

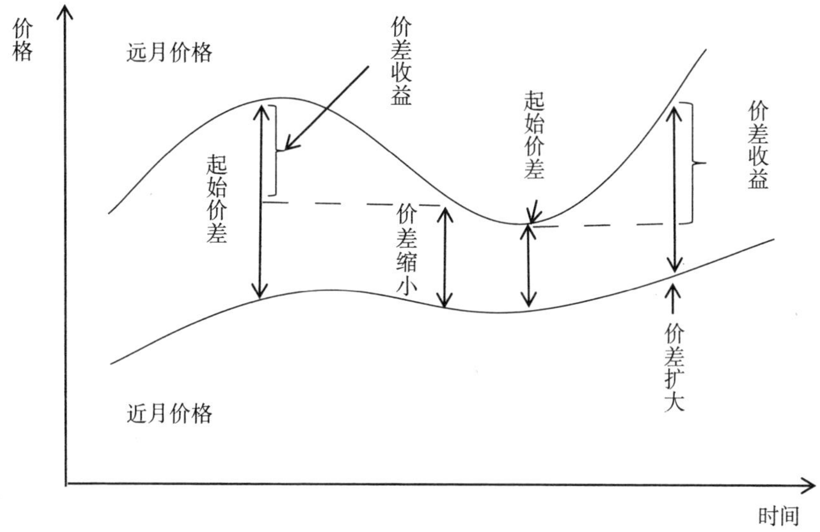

图 6-4　股指期货跨期套利原理示意图

②空头跨期套利。当股票市场趋势向下时，交割月份较远的期货合约价格往往会比近期月份合约价格更容易迅速下跌，即跌幅会大一些，此时投资者可以考虑在买入近期月份合约的同时卖出同等数量的远期月份合约，等到未来价格下跌后，远月合约与近月合约的价差将缩小，在卖出近期合约平仓的同时买入远期合约平仓，从而赚取多跌的那部分价差。这种交易行为称为“空头跨期套利”。可见，空头跨期套利盈利的条件是，股票市场趋势如果向下，此时的操作策略是“买近卖远”。但如果对股票市场趋势判断错误，即股票市场趋势向上，则空头跨期套利就会出现亏损。

③蝶式跨期套利。蝶式跨期套利是跨期套利另一种不太常用的形式，也是利用不同交割月份的价差进行套期获利，由两个方向相反、

共享居中交割月份合约的跨期套利组合构成。蝶式跨期套利的原理是，套利者比较 3 个相邻的期货合约价格时，认为中间月份的期货合约价格与两边月份合约价格之间的相关关系出现了差异。投资者同时进行 3 个不同月份的合约买卖，通过中间月份合约与前后两个月份合约的价差变化来获利。例如，卖出 1 手近期合约，同时买入 2 手中期合约，再卖出 1 手远期合约；或买入 1 手近期合约，同时卖出 2 手中期合约，再买入 1 手远期合约。这种套利做法称为“蝶式跨期套利”。

跨期套利有两个相同点，即交易的数量相同，买和卖的交易时间相同。两个不同点，即合约月份不同，合约价格不同。严格来讲，跨期套利不是无风险套利，投资者需要对不同到期月份的期货合约的价差作出预测，具有一定的投机性，但因为交易行为是建立在价差基础上的，所以风险要远远小于纯粹的投机交易。跨期套利的重点在于判断不同到期月份合约的价差将来是扩大还是缩小，而不是判断整个市场未来的走势。

股指期货跨期套利操作总结见表 6-7，它给出了如何对近期和远期股指期货进行操作以实现多头跨期套利和空头跨期套利。

表 6-7 股指期货跨期套利操作总结

套利方式	套利机会触发点	套利操作
多头套利	当前价差低于正常水平，预期价差扩大	买入远期、卖出近期
空头套利	当前价差高于正常水平，预期价差缩小	买入近期、卖出远期

（3）股指期货跨品种套利。股指期货跨品种套利是指利用两种不同但相关联的指数期货产品之间的价差进行交易。这两种指数之间具有相互替代性或受同一供求因素制约和影响。跨品种套利的交易形式是同时一买一卖相同交割月份但不同种类的股指期货合约。例如，

道·琼斯指数期货与标准普尔指数期货之间就可以进行跨品种套利交易。跨品种套利的前提条件是不同品种期货合约在短期内其价差偏离平时正常合理范围时出现的套利机会，此时买入价格偏低品种的期货合约，同时卖出价格偏高品种的期货合约，当未来不同品种的期货合约价差回归正常合理水平时，再通过反向对冲平仓所持有的全部期货合约以获取收益。

例如，1987 年全球股灾时，标准普尔指数与日经 225 指数的走势就不尽相同。在 10 月 19 日黑色星期一的股灾中，由于日本政府的大举入市，日经 225 指数跌幅轻微，而标准普尔指数则大跌超过 20%，随后日经 225 指数补跌。因此，当发现这种套利机会时，采用低成本、高效率的股指期货工具，买入标准普尔指数期货的同时卖出日经 225 指数期货就可以获得非常好的收益。股指期货跨品种套利在国内期货市场上也已常态化。目前国内推出的股指期货品种有沪深 300 股指期货、上证 50 股指期货、中证 500 股指期货和中证 1000 股指期货四个品种，它们之间的套利机会时常出现。

跨品种套利需要解决三个问题：一是确定套利标的之间的相关性问题，相关性越高的标的品种，它们之间跨品种套利的效果才会越好；二是确定套利成本，包括交易手续费和套利资金借贷成本；三是考虑因合约乘数不同导致的每手交易金额变化不同而要确定标的合约之间的套利比例。

四、实训操作

能熟练掌握股指期货的投机套利方法，进行投机、套利交易。学生利用同花顺期货通模拟交易软件进行分析，在交易时间内做股指期货的投机、套利，自行构建股指期货的跨期套利和跨品种套利组合。

第七章 期权交易

【实训目的】

通过实训，能够熟悉期权合约及其行情的分析，熟练掌握期权交易的方法。

【实训内容】

熟悉期权合约，分析期权行情，掌握期权交易的基本策略，模拟交易期权合约。

【实训方式】

老师讲解以后，学生在实验室利用同花顺期货通模拟软件进行操作，演练实训内容。

【实训学时】

6 学时左右，具体时间根据实际情况而定。

【实训预期成果】

在实验室进行模拟交易，教师现场观察，看学生是否掌握了期权交易的方法。课后学生对期权交易进行报告写作，分享交易心得及体会。

第一节　期权及期权交易

1973年4月26日，以股票为标的物的期权交易所——芝加哥期权交易所(CBOE)成立，标志着现代意义的期权市场的诞生。1982年芝加哥期货交易所推出了美国长期国债期货期权合约，标志着金融期货期权的诞生。

一、期权的含义、特点和分类

（一）期权的含义

期权（Options）也称为选择权，是指期权的买方有权在约定的期限内，按照事先确定的价格，买入或卖出一定数量的某种特定商品或金融工具的权利。

期权交易是一种权利的买卖，期权的买方在买入后便取得了选择权。在约定的期限内既可行权买入或卖出标的资产，也可放弃行使权利；当买方选择行权时，卖方必须履约。

（二）期权交易的特点

与其他交易相比，期权交易在买卖双方权利和义务、收益和风险特征、履约保证金收取和损益结构等方面较为独特，具体分析如下：

1. 权利不对等

期权交易是权利的买卖，期权买方支付了期权费获得权利，合约中约定的买入或卖出标的物的选择权归属期权买方。

2. 义务不对等

卖方将权利出售给买方，卖方负有必须履约的义务，当买方要求执行期权时，卖方必须履约。

3. 收益和风险不对等

在期权交易中，买方的最大损失为权利金，潜在收益巨大；卖方的最大收益为权利金，潜在损失巨大。

4. 保证金缴纳情况不同

期货交易对买卖双方的保证金要求是相同的，而期权卖方必须缴纳保证金作为履约担保，买方无须缴纳。

5. 独特的非线性损益结构

期权交易的非线性盈亏状态，与证券交易、期货交易等线性的盈亏状态有较大的差异。

（三）期权的分类

根据期权购买者的权利和义务、执行时限、标的资产等不同标准，可以将期权分成多种不同的类型。

1. 美式期权和欧式期权

按照对买方行权时间规定的不同，可以将期权分为美式期权和欧式期权。

（1）美式期权。美式期权是指期权买方在期权到期日以前（含到期日）的任何交易日都可以行使权利的期权。

（2）欧式期权。欧式期权是指期权买方只能在期权到期日行使权利的期权。

无论是欧式期权还是美式期权，在期权到期日之后买卖双方权利义务均消除。一种标的资产的期权，交易所通常推出一种行权方式，即要么是美式期权，要么是欧式期权。但也有同时推出美式期权和欧式期权的。市场上交易最多的是美式期权。

2. 看涨期权和看跌期权

按照买方行权方向的不同，可将期权分为看涨期权和看跌期权。

（1）看涨期权。看涨期权也称为买权、认购期权，指期权的买方向卖方支付一定数额的期权费后，便拥有了在合约有效期内或特定时间，按执行价格向期权卖方买入一定数量标的资产的权利。看涨期权的价格会随着标的资产价格上涨而上涨，因此预期标的资产价格上涨时可以考虑买进看涨期权，标的资产价格上涨越多，对看涨期权买方越有利。

（2）看跌期权。看跌期权也称为卖权、认沽期权，指期权的买方向卖方支付一定数额的期权费后，便拥有了在合约有效期内或特定时间，按执行价格向期权卖方出售一定数量标的资产的权利。

3. 商品期权和金融期权

按照期权标的资产类型的不同，可将期权分为商品期权和金融期权。

（1）标的资产为实物资产的期权称为商品期权，也称为实物期权。

（2）标的资产为金融资产或金融指标（如股票价格指数）的期权称为金融期权。目前，境内市场上交易的期权包括上海证券交易所推出的上证 50ETF 期权、中国金融期货交易所推出的沪深 300 期权、中证 1000 期权、上证 50 期权均为金融期权。

4. 场内期权和场外期权

按照期权市场类型的不同，期权可以分为场内期权和场外期权。

（1）在交易所上市交易的期权称为场内期权，也称为交易所期权。芝加哥商业交易所（CME）集团上市的商品期货期权和金融期货期权、香港交易所上市的股票期权和股指期权、上海证券交易所的上证50ETF期权，以及中国金融期货交易所推出的沪深300期权、中证1000期权、上证50期权均属于场内期权。

（2）在交易所外交易的期权称为场外期权。场外期权是指在非集中性的交易场所进行的非标准化的金融期权合约的交易。场外期权一方通常根据另一方的特定需求来设计场外合约。通常把提出的一方称为甲方。我国银行间市场交易的人民币外汇期权属于场外期权。

二、期权合约的解读

投资者进行期权交易必须了解期权合约，熟悉期权合约的主要要素及相关规定，下面以玉米期权为例对期权合约进行解读。

（一）期权合约的基本要素

期权合约的基本要素主要包括交易时间、合约类型、交易单位、最小变动价位、行权价格、最后交易日、合约到期时间、行权方式等。

（二）期权合约的行情识读

以玉米C2309期权为例，期权行情图显示了标的物目前的基本行情及这份期权的到期日。图中列出了看涨看跌期权的买卖价、行权价、最新价，以及期权的内在价值、时间价值、杠杆比率、波动率等信息。

1. 真实杠杆率

期权是一种自带杠杆的投资，投资者只需通过支付较少的权利金就可以撬动更高价格的合约。期权真实杠杆率 = 期权价格变化幅度 / 期货价格变化幅度 =(期权价格变化 / 期权价格)/(期货价格变化 / 期货价格)= 期货价格 / 期权价格 ×Delta。与杠杆相比，真实杠杆更加真实地体现了期权的盈利能力。

2. 杠杆比率

期权的杠杆比率是指标的物价格与权利金的比例，代表着权利金能撬动的标的物价值。权利金越低，期权杠杆越大；权利金越高，期权杠杆越小。这也是目前很多投资者所理解的期权杠杆。

3. 波动率

波动率是金融资产价格的波动程度，是对资产收益率不确定性的衡量，用于反映金融资产的风险水平。波动率越高，金融资产价格的波动越剧烈，资产收益率的不确定性就越强；波动率越低，金融资产价格的波动越平缓，资产收益率的确定性就越强。注意：波动率只体现价格波动的剧烈程度，而不考虑行情价格变动的方向。波动率在期权投资中是很重要的，期权权利金和波动率是呈现正比关系的，当其他因素不变时，波动率越高期权的价格也越高，波动率越低则期权价格越低，即与期权权利金呈正相关关系。

4. 隐含波动率

根据期权 B–S 定价公式反推出来的一个指标值，表示当前期权价格下，隐含了投资者对预期波动率是多少。期权的隐含波动率相当于股票的市盈率。股票的市盈率越高，代表市场交易者对该股票的风险偏好越高，估值也越高。期权的隐含波动率也是如此，对于期权投资者，当他们觉得标的资产未来的风险度会变高时，他们就会提高对隐含波动率的估计，从而提高了对期权的定价。因此，我们可以把期权的隐含波动率比喻成期权的“市盈率”。期权买方最佳的交易机会就是在低隐含波动率的行情中买入期权，然后在高隐含波动率时卖出。

5. 期权价格

期权价格又称为期权费、权利金，是期权的买方为获取期权合约所赋予的权利而支付的价格。影响期权价格的基本因素主要有以下几个方面：

（1）标的物市场价格和执行价格。在其他条件一定的情形下，看涨期权的价格随着标的资产市场价格的上升而上升；看跌期权的价格随着标的资产市场价格的上升而下降。同样地，在其他条件一定的情形下，看涨期权的执行价格越高，期权的价格越低；看跌期权的执行价格越高，期权的价格越高。

（2）标的物价格波动率。标的资产价格波动率越大，期权价格越高。对于购入看涨期权的投资者来说，标的资产价格上升可以获利，标的资产价格下降最大损失以期权费为限，两者不会抵销，因此，标的资产价格波动率越大，期权价格越高；对于购入看跌期权的投资者来说，标的资产价格下降可以获利，标的资产价格上升最大损失以期权费为限，两者不会抵销，因此，标的资产价格波动率越大，期权价格越高。

（3）期货合约的有效期。对于美式期权而言，无论是看跌期权还是看涨期权，在其他条件一定的情形下，到期时间越长，期权的到期日价格就越高。但对于欧式期权而言未必成立。一是期限较长的期权并不会比期限较短的期权增加执行的机会；二是期限较长的买入期权，可能会由于标的股票派发现金股利，形成价值扣减。

（4）无风险利率。如果考虑货币的时间价值，则投资者购买看涨期权未来履约价格的现值随利率的提高而降低，即投资成本的现值降低，此时在未来时期内按固定履行价格购买标的资产的成本降低，看涨期权的价值增大，因此，看涨期权的价值与利率呈正相关变动；而投资者购买看跌期权未来履约价格的现值随利率的提高而降低，此时在未来时期内按固定履行价格出售标的资产现值收入越少，看跌期权的价值就越小，因此，看跌期权的价值与利率呈负相关变动。

6. 内在价值

在不考虑交易费用和期权费的情况下，买方立即执行期权合约可获取的行权收益。内涵价值由期权合约的执行价格与标的物的市场价格的关系决定，内在价值总是大于等于零。看涨期权的内涵价值等于标的物的市场价格减去执行价格；看跌期权的内涵价值等于执行价格减去标的物的市场价格。

7. 时间价值

时间价值是权利金扣除内涵价值的剩余部分，它是期权有效期内标的物的市场价格波动为期权持有者带来收益的可能性所隐含的价值。

8. 行权价格

期权行权价是指期权合约规定的、买卖双方在行权履约时的交易价格。期权合约依靠行权价分为实值、平值、虚值 3 种，见表 7-1。在期权交易中，行权价的选择对于期权买卖双方都非常重要。例如，期权买方希望选择一个有利的行权价，使其在行使期权时能够获得更大的盈利。

表 7-1　实值期权、平值期权与虚值期权的关系

分类	内在价值	看涨期权	看跌期权
实值	有	行权价格 < 标的资产价格	行权价格 > 标的资产价格
平值	零	行权价格 = 标的资产价格	行权价格 = 标的资产价格
虚值	零	行权价格 > 标的资产价格	行权价格 < 标的资产价格

三、期权合约的交易

（一）期权交易指令

期权交易指令包括：申报方向（买入或卖出）、数量、合约（代码）、合约月份及年份（期限超过 1 年的合约，同 1 月份的合约有不同年份）、执行价格、期权类型或期权方向（买权或卖权）、期权价格、市价或限价等。

（二）期权头寸的建立与了结方式

1. 头寸建立

期权头寸的建立是指投资者开仓买入或卖出期权。开仓买入包括买入看涨期权和买入看跌期权，开仓卖出包括卖出看涨期权和卖出看跌期权。若投资者预期标的资产价格未来要上涨，则可以选择开仓买入看涨期权或开仓卖出看跌期权；若投资者预期标的资产价格未来要下跌，则可以选择开仓买入看跌期权或开仓卖出看涨期权。

2. 头寸了结

期权的头寸了结是指投资者对持有的期权合约进行对冲平仓或者行权处理。

（1）期权多头头寸的了结方式。期权多头头寸的了结方式包括：①对冲平仓。方向与建仓时相反，其他内容与建仓时相同。②行权了结。看涨期权买方行权，按执行价格买入标的期货合约，从而成为期货合约多头；看跌期权买方行权，按执行价格卖出标的期货合约，从而成为期货合约空头。③持有合约至到期。若是实值期权，则投资者就行权；若是虚值期权，则投资者可以让期权合约作废。

（2）期权空头头寸的了结方式。期权空头头寸的了结方式包括：①对冲平仓。方向与建仓时相反，其他内容与建仓时相同。②接受买方行权。当期权买方要求行权时，卖方必须履约。看涨期权卖方履约时，按照执行价格将标的期货合约卖给对手，成为期货合约空头；看跌期权卖方履约时，按照执行价格从对手手中买入标的期货合约，成为期货合约多头。③持有合约至到期：若是实值期权，则投资者就行权；若是虚值期权，则投资者可以让期权合约作废。

四、实训操作

熟悉期权合约，识读期权行情，画出期权交易的盈亏状态图。开仓建立期权头寸并了解头寸。学生利用同花顺期货通模拟交易软件进行操作。

第二节　期权交易策略

期权交易策略包括四种最基本的期权交易策略，以及几种简单的期权套利和组合策略。根据投资者对标的资产未来价格预期的不同，投资者采取的期权交易策略也不同。如果投资者预期标的资产未来看涨，那么投资者可以选择买入看涨期权、卖出看跌期权、牛市看涨期权价差组合、牛市看跌期权价差组合和有保护的看跌期权；如果投资者预期标的资产价格未来看跌，那么投资者可以选择买入看跌期权、卖出看涨期权、熊市看涨期权价差组合、熊市看跌期权价差组合，有保护的看涨期权；如果投资者不确定标的资产未来价格是涨还是跌，但是预期标的资产未来价格会大幅波动，那么投资者可以买入跨式期权组合、买入宽跨式期权组合或卖出蝶式期权组合；如果投资者不确定标的资产未来价格是涨还是跌，但是预期标的资产未来价格会小幅波动，那么投资者可以卖出宽跨式期权组合或买入蝶式期权组合。这里主要介绍买卖期权的基本策略，期权组合套利基本策略就不做详细介绍了。

一、买卖期权的基本策略

（一）买入看涨期权

1. 买入看涨期权的目的和基本操作

如果投资者对标的资产价格后市看涨，那么投资者可以买入看涨期权。投资者通过买入看涨期权，可以锁定风险，获取价差收益。看涨期权的买方在支付一笔期权费后，便可享有按约定的行权价格买入相关标的资产的权利，但当标的资产未来价格下跌了，期权买方可以不行使买入的权利，放弃购买，从而避免了标的资产价格下跌造成的损失。而一旦标的资产价格上涨到行权价格以上，便可执行期权，以低于标的资产价格的行权价格买入标的资产；期权买方也可以通过卖出平仓获取价差收益。

2. 买入看涨期权的损益分析

看涨期权多头到期时的损益情况如图 7–1 所示。在图 7–1 中，C 为期权的价格即期权费，X 为行权价格，S 为标的资产价格，$X+C$ 为盈亏平衡点。

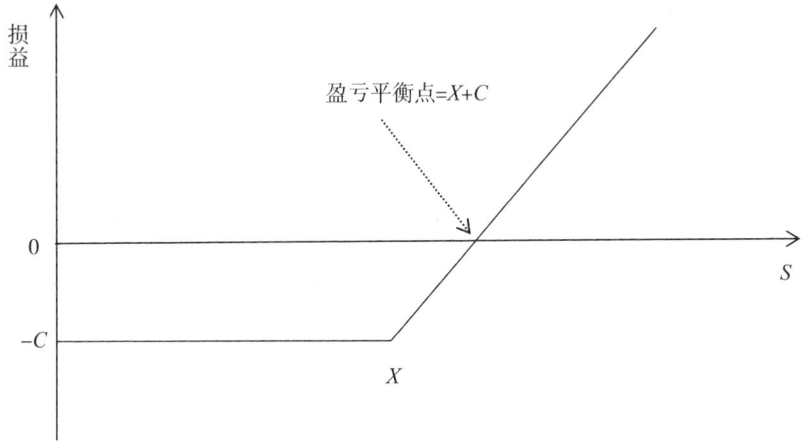

图 7-1　看涨期权多头到期时的损益情况

看涨期权多头的损益情况可以表示为：

$$
\text{损益} = \begin{cases} S-X-C & \text{当 } S>X \text{ 时，行权或平仓} \\ -C & \text{当 } S \leqslant X \text{ 时，不行权，则损失权利金} \end{cases}
$$

标的资产价格越高，对看涨期权买方越有利，标的资产价格变化对看涨期权多头损益的影响见表 7-2。

表 7-2　标的资产价格变化对看涨期权多头损益的影响

<table>
<tr><th>标的资产价格范围</th><th>标的资产价格的变动方向及买方损益</th><th>期权头寸处置方法</th></tr>
<tr><td>$0 \leqslant S \leqslant X$</td><td>处于亏损状态，无论 S 上涨或下跌，最大损失不变，等于权利金</td><td>不执行期权，可卖出期权对冲平仓，或持有到期使期权作废</td></tr>
<tr><td>$X<S<X+C$</td><td>处于亏损状态。亏损会随着 S 上涨而减少，随着 S 下跌而增加，但小于权利金</td><td rowspan="3">可执行期权，也可卖出期权；可对冲平仓，或持有期权至到期执行期权</td></tr>
<tr><td>$S=X+C$</td><td>损益 =0</td></tr>
<tr><td>$S>X+C$</td><td>处于盈利状态，盈利会随着 S 下跌而减少，随着 S 上涨而增加</td></tr>
</table>

买入看涨期权的综合分析见表 7–3。

表 7–3 买入看涨期权综合分析

标的资产价格状态	（1）牛市； （2）预期后市上涨； （3）价格见底，市场波动率扩大
损益	平仓损益 = 期权费卖出价 – 期权费买入价 行权损益 = 标的资产卖出价 – 行权价格 – 期权费
最大风险	损失全部期权费
损益平衡点	行权价格 + 期权费
保证金	无须缴纳
履约后头寸状态	多头

3. 买入看涨期权的运用

买入看涨期权适用的市场环境是标的物市场处于牛市，或预期后市看涨，或认为市场已经见底。买进看涨期权主要运用于以下几种情况：

（1）为获取价差收益而买入看涨期权。如果交易者对标的资产价格趋势看涨时，可以考虑买入看涨期权获得权利金价差收益。一般情况下，标的资产价格上涨，看涨期权的价格也会上涨，交易者可以在市场上以更高的价格卖出期权获利。即使标的资产价格下跌，买方的最大损失也只是支付的权利金。

（2）为博取杠杆收益而买进看涨期权。与期货交易相比，期权买方可以为投资者提供更大的杠杆效应。通过持有看涨期权多头持有标的资产或获得标的资产价格上涨带来的收益，与持有标的资产或者相关期货合约相比，需要的资金可以更少。剩余期限较短的虚值期权，权利金往往很少，用较少的权利金就可以控制同样数量的标的资产或标的期货合约。

（3）为限制交易风险或保护空头而买进看涨期权。持有某资产多头的交易者，想要继续获得价格上涨的好处，又担心价格会下跌，将资产卖出又担心价格会上涨。此时，可以将标的资产卖出，同时，买进该标的的看涨期权，利用买进看涨期权降低卖出标的资产的风险。如果将持有的标的资产卖出后，标的资产价格继续上涨，交易者可行权按执行价格买进该标的资产，或者继续持有看涨期权，直至期权到期时执行期权；如果标的资产价格下跌，交易者损失期权费，也可以将期权平仓，以减少期权费的损失，所以交易者最大的损失是权利金。

（4）锁定现货市场风险，即对冲标的资产价格上涨的风险。未来需要购入现货的企业或经销商，在认为现货价格可能会上涨时，为了规避价格上涨而导致购货成本提高的风险，可以买入该资产的看涨期权，不仅可以实现锁定购货成本的目的，也不会失去标的资产价格下跌而带来的好处。交易者买入看涨期权后便取得了以执行价格买进标的资产的权利，这样可以为将来计划买入的标的资产限定一个最高价，以防止价格上升而造成的损失。当现货市场价格下跌时，期权购买者可以放弃行权，在现货市场上买入标的资产，为此付出的最大代价是期权费，从而实现了以更低价格买入标的资产的目的。

（二）卖出看涨期权

1. 卖出看涨期权的目的和基本操作

如果投资者认为标的资产价格未来不会上涨或下跌，投资者就可以卖出看涨期权。投资者通过卖出看涨期权，获取期权费。但是，卖方收取期权费后，便承担了按约定的行权价格卖出相关标的资产的义务。如果标的资产价格高于行权价格，买方行权，卖方就必须以行权价格向买方出售标的资产。如果标的资产价格低于行权价格，买方放弃行权，卖方就可以获取期权费。期权卖方也可以在期权到期前买进同一看涨期权对其持有的看涨期权空头对冲平仓，获得期权费价差收益或减少损失。

2. 卖出看涨期权的损益分析

看涨期权空头到期时的损益情况如图 7–2 所示。在图 7–2 中，C 为期权的价格即期权费，X 为行权价格，S 为标的资产价格，$X+C$ 为盈亏平衡点。

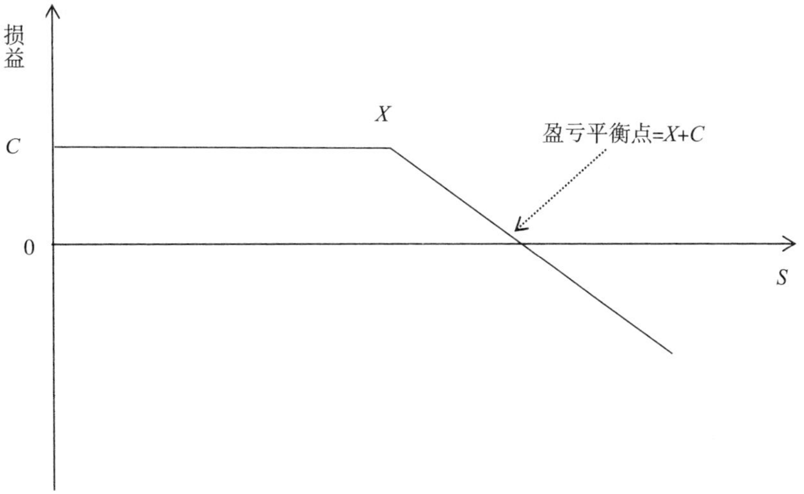

图 7–2　看涨期权空头到期时的损益情况

看涨期权空头的损益情况可以表示为：

$$损益=\begin{cases} C & 当 S \leqslant X 时，卖方获得权利金或获利平仓 \\ -S+X+C & 当 S>X 时，买方行权，卖方履约 \end{cases}$$

标的资产价格下跌或处于横盘整理，对看涨期权卖方有利，标的资产价格变化对看涨期权空头损益的影响见表 7–4。

表 7–4　标的资产价格变化对看涨期权空头损益的影响

标的资产价格范围	标的资产价格的变动方向及买方损益	期权头寸处置方法
$0 \leqslant S \leqslant X$	处于盈利状态，无论 S 上涨或下跌，最大盈利不变，等于权利金	买方不会执行期权，卖方可买入期权对冲平仓，或持有期权至到期获得期权费
$X<S<X+C$	处于盈利状态，盈利会随着 S 上涨而减少，随着 S 下跌而增加	可买入期权对冲平仓，或接受买方行权，以行权价格卖出标的资产
$S=X+C$	损益 =0	
$S>X+C$	处于亏损状态，损益为 $-S+X+C$，亏损随着 S 下跌而减少，随着 S 上涨而增加	

卖出看涨期权的综合分析见表 7–5。

表 7–5　卖出看涨期权的综合分析

标的资产价格状态	（1）熊市； （2）预期后市下跌； （3）横盘，市场波动率低或收窄
损益	平仓损益 = 期权费卖出价 – 期权费买入价 履约损益 = 行权价格 – 标的资产买入价 + 期权费
最大收益	全部期权费
损益平衡点	行权价格 + 期权费
保证金	需缴纳
履约后头寸状态	空头

3. 卖出看涨期权的运用

卖出看涨期权适用的市场环境是标的物市场处于熊市，或预期后市看跌，或认为市场已经见顶。卖出看涨期权主要运用于以下两种情况：

（1）为获取价差收益或期权费收入而卖出看涨期权。如果交易者预期标的资产价格将会下跌，或窄幅整理，即标的资产价格不会上涨，就可以卖出看涨期权获得权利金收益。当标的资产价格下跌时，看涨期权的市场价格也会随之下跌，交易者可以将看涨期权空头头寸对冲平仓，获得价差收益；如果认为标的资产价格不会上涨，交易者就可以持有期权至到期，实现获得权利金收入的目的。

（2）为增加标的资产多头的利润而卖出看涨期权。如果持有标的资产的投资者对标的资产后市谨慎看多，想要将标的资产出售，那么可以采取卖出看涨期权策略，通过履约将标的资产对冲平仓。交易者可在持有标的资产的同时，卖出执行价格较高的看涨期权。如果标的资产价格下跌，看涨期权作废，交易者将标的资产直接卖出，那么获得权利金等于提高了标的资产卖价；如果标的资产价格上涨，或期权买方行权，看涨期权空头被要求履约，交易者就可以执行价格卖出标的资产，将其所持有的标的资产多头平仓。此策略为一个标的资产多头和一个看涨期权空头的组合，标的资产多头对卖出看涨期权形成保护，被称为有担保的看涨期权策略，卖出期权建仓称为备兑开仓。

（三）买入看跌期权

1. 买入看跌期权的目的和基本操作

如果投资者对标的资产价格后市看跌，投资者就可以买入看跌期权。投资者通过买入看跌期权，可以锁定风险，获取价差收益。看跌期权的买方在支付一笔期权费后，便可享有按约定的行权价格卖出相关标的资产的权利，但当标的资产未来价格上涨了，期权买方可以不行使卖出的权利，从而避免了标的资产价格上涨造成的损失。而一旦标的资产价格下跌到行权价格以下，便可执行期权，以高于标的资产价格的行权价格出售标的资产；期权买方也可以通过卖出平仓获取价差收益。

2. 买入看跌期权的损益分析

看跌期权多头到期时的损益情况如图 7–3 所示。在图 7–3 中，P 为看跌期权的价格即期权费，X 为行权价格，S 为标的资产价格，$X-P$ 为盈亏平衡点。

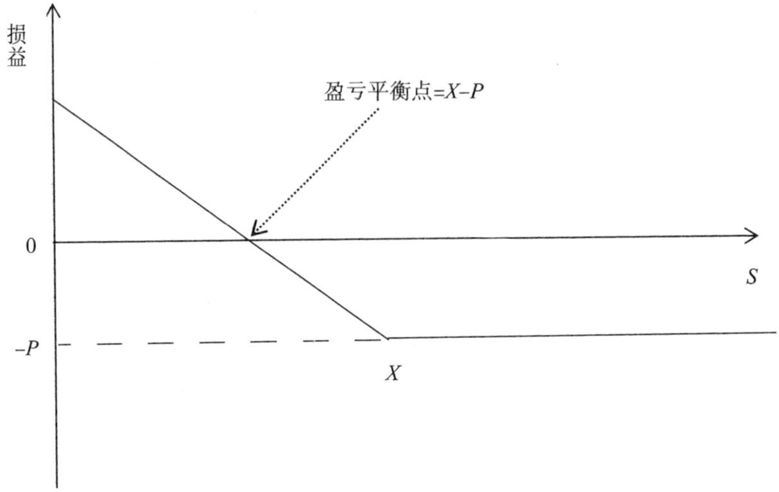

图 7–3　看跌期权多头到期时的损益情况

看涨期权多头的损益情况可以表示为：

$$损益=\begin{cases} X-P-S & 当\ S<X\ 时，买方行权或平仓获利 \\ -P & 当\ S\geqslant X\ 时，不行权，则损失权利金 \end{cases}$$

标的资产价格 S 越低，对看跌期权买方越有利，标的资产价格变化对看跌期权多头损益的影响见表 7–6。

表 7-6　标的资产价格变化对看跌期权多头损益的影响

<table>
<tr><th>标的资产价格范围</th><th>标的资产价格的变动方向及买方损益</th><th>期权头寸处置方法</th></tr>
<tr><td>$S \geqslant X$</td><td>处于亏损状态，无论 S 上涨或下跌，最大损失不变，等于权利金 $-P$</td><td>不执行期权，可卖出期权对冲平仓，或持有到期使期权作废</td></tr>
<tr><td>$X-P<S<X$</td><td>处于亏损状态，亏损会随着 S 上涨而增大，随着 S 下跌而减少，但最大为权利金</td><td rowspan="3">可执行期权，也可卖出期权对冲平仓，或持有期权至到期执行期权</td></tr>
<tr><td>$S=X-P$</td><td>损益 =0</td></tr>
<tr><td>$S<X-P$</td><td>处于盈利状态，盈利随着 S 下跌而增大，随着 S 上涨而减少，S 跌至 0 时盈利最大</td></tr>
</table>

买入看跌期权的综合分析见表 7-7。

表 7-7　买入看跌期权的综合分析

标的资产价格状态	（1）熊市； （2）预期后市下跌； （3）价格见顶，市场波动率扩大
损益	平仓损益 = 期权费卖出价 – 期权费买入价 行权损益 = 行权价格 – 标的资产卖出价 – 期权费
最大风险	损失全部期权费
损益平衡点	行权价格 – 期权费
保证金	无须缴纳
履约后头寸状态	空头

3. 买入看跌期权的运用

买入看涨期权适用的市场环境是标的物市场处于熊市，或预期后市看跌，或认为市场已经见顶。买入看跌期权主要运用于以下几种情况：

（1）为获取价差收益而买入看跌期权。如果交易者对标的资产价格趋势看跌时，就可以考虑买入看跌期权获得权利金价差收益。一般情况下，标的资产价格下跌，看跌期权的价格会上涨，交易者可以在市场上以更高的价格卖出看跌期权获利。即使标的资产价格上涨，买方的最大损失也只是支付的权利金。交易者也可以将看跌期权卖出平仓，以减少权利金损失。

（2）为博取杠杆收益而买入看涨期权。与买入看涨期权相似，买入看跌期权同样可以为买方提供更大的杠杆效应。通过买入看跌期权做空标的资产比直接卖出标的期货合约或融券卖出标的资产所需准备的资金少。

（3）保护标的资产多头买入看跌期权。持有某资产多头的交易者，想要继续获得价格上涨的好处，又担心价格会下跌而遭受损失。此时，投资者可以买入看跌期权，或在买入该标的的同时买入看跌期权。如果标的资产价格下跌，看跌期权的价差收益或行权收益可以弥补持有标的资产的损失，从而对持有的标的资产起到保护的作用；如果标的资产价格上涨，投资者持有的资产会获得收益，但看跌期权价格会下跌，交易者最大的损失为期权费。

（4）锁定现货市场风险，对冲标的资产价格下跌的风险。持有现货者或已签订购货合同的中间商，未来有现货出售，当其认为现货价格可能会下跌时，为了规避价格下跌风险，可以买入该资产的看跌期权进行保值，实现锁定销售价格，达到平稳企业利润的目的。

（四）卖出看跌期权

1. 卖出看跌期权的目的和基本操作

如果投资者认为标的资产价格未来不会下跌或上涨，投资者就可以卖出看跌期权。投资者通过卖出看跌期权，获取期权费。但是，卖方收取期权费后，便承担了按约定的行权价格买入相关标的资产的义务。如果标的资产价格低于行权价格，买方行权，卖方就必须以行权价格从买方那里买入标的资产；如果标的资产价格高于行权价格，买方放弃行权，卖方就可以获得全部期权费。

2. 卖出看跌期权的损益分析

看跌期权空头到期时的损益情况如图 7–4 所示。在图 7–4 中，P 为看跌期权的价格即期权费，X 为行权价格，S 为标的资产价格，$X-P$ 为盈亏平衡点。

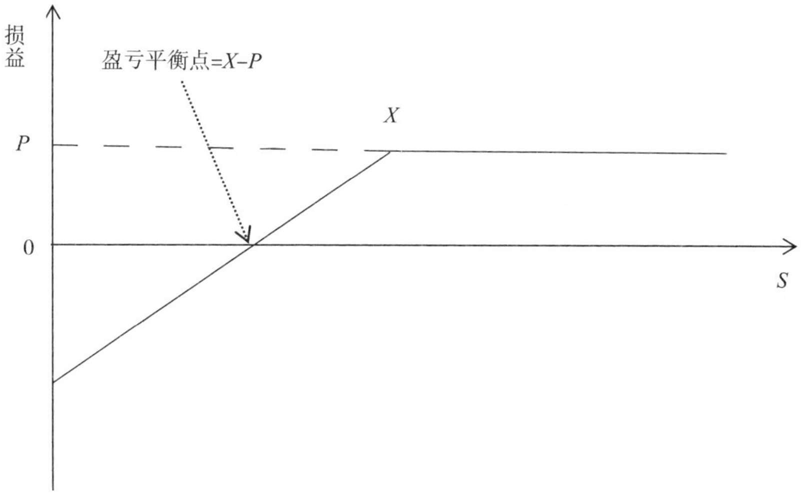

图 7–4　看跌期权空头到期时的损益情况

看跌期权空头的损益情况可以表示为：

$$
损益 = \begin{cases} P & 当 S \geqslant X 时，卖方获得权利金或获利平仓 \\ S-(X-P) & 当 S<X 时，买方行权，卖方履约 \end{cases}
$$

标的资产价格上涨，对看跌期权卖方有利，标的资产价格变化对看跌期权空头损益的影响见表 7–8。

表 7-8　标的资产价格变化对看跌期权空头损益的影响

<table>
<tr><th>标的资产价格范围</th><th>标的资产价格的变动方向及买方损益</th><th>期权头寸处置方法</th></tr>
<tr><td>$S \geqslant X$</td><td>处于盈利状态，无论 S 上涨或下跌，最大盈利不变，等于权利金 P</td><td>买方不执行期权，卖方可买入期权对冲平仓，或持有到期使期权作废</td></tr>
<tr><td>$X-P<S<X$</td><td>处于盈利状态，盈利会随着 S 上涨而减少，随着 S 下跌而增加，但最大为权利金</td><td rowspan="3">可买入期权对冲平仓，或接受买方行权，以行权价格购买标的资产</td></tr>
<tr><td>$S=X-P$</td><td>损益 =0</td></tr>
<tr><td>$S<X-P$</td><td>处于亏损状态，亏损随着 S 下跌而增大，随着 S 上涨而减少，S 跌至 0 时亏损最大</td></tr>
</table>

卖出看跌期权的综合分析见表 7-9。

表 7-9　卖出看跌期权的综合分析

标的资产价格状态	（1）牛市； （2）预期后市上涨； （3）横盘，市场波动率低或收窄
损益	平仓损益 = 期权费卖出价 – 期权费买入价 履约损益 = 标的资产买入价 – 行权价格 + 期权费
最大收益	全部期权费
损益平衡点	行权价格 – 期权费
保证金	需缴纳
履约后头寸状态	多头

3. 卖出看跌期权的运用

卖出看跌期权适用的市场环境是标的物市场处于牛市，或预期后市上涨，或认为市场将处于横盘整理阶段。卖出看跌期权主要运用于以下两种情况：

（1）为获取价差收益或期权费收入而卖出看跌期权。如果交易者预期标的资产价格会上涨，或窄幅整理，就可以卖出看跌期权获得权利金收益。当标的资产价格上涨时，看跌期权的市场价格也会随之下跌，交易者可以将看跌期权空头头寸对冲平仓，获得价差收益；如果认为标的资产价格横盘整理，交易者就可以持有期权至到期，实现获得权利金收入的目的。

（2）对冲标的资产空头而卖出看跌期权。如果持有标的资产的投资者对标的资产后市谨慎看空，就可以在卖出标的资产的同时，或持有标的资产空头时，卖出执行价格较低的看跌期权。如果标的资产价格上涨，那么获得权利金等于提高了标的资产卖价；如果标的资产价格下跌，或期权买方行权，那么看跌期权空头被要求履约，交易者以执行价格买进标的资产，将其所持有的标的资产空头平仓。此策略为一个标的资产空头和一个看跌期权空头的组合，标的资产空头对卖出看跌期权形成保护，被称为有担保的看跌期权策略。

二、期权组合套利基本策略

期权组合套利是一种利用期权之间的价格差异进行套利的交易策略。在期权市场中，由于不同期权之间的价格存在差异，投资者可以通过买入一种期权的同时卖出另一种期权来实现套利。期权组合套利的策略很多，这里就不做介绍了。

三、实训操作

能熟练掌握期权交易的 4 个基本策略法。学生利用同花顺期货通模拟交易软件在交易时间内分别对买入看涨期权、卖出看涨期权、买入看跌期权、卖出看跌期权进行交易，并比较其异同。

第八章
期货投资分析报告的写作

【实训目的】

通过实训写作，掌握期货分析的思路，形成期货分析的系统框架，从而作出有利的投资决策。

【实训内容】

熟悉期货投资分析报告的写作要求、格式规范以及写作内容。

【实训方式】

掌握期货投资分析报告内容后，学生在期货公司官网下载期货分析师的报告进行阅读（至少 5 篇），然后，结合本学期期货学习内容以及模拟交易进行期货分析报告的撰写。

【实训学时】

6 学时左右，具体时间根据实际情况而定。

【实训预期成果】

通过期货分析报告的写作，掌握期货分析的思路，形成期货分析的系统框架，并能写出一份质量较好、具有较大参考价值的期货投资分析报告。

期货投资分析报告是期货投资者重要的参考资料，投资者通过阅读专业的分析报告来了解将要投资的期货品种，并帮助投资者做出理性的投资决策。本章主要介绍了期货投资分析报告的写作要求，分析报告的写作内容，帮助学生更好地掌握期货投资分析报告的写作，并能写出一份质量较好、具有较大参考价值的期货投资分析报告，为投资者作出合理决策提供参考。

第一节　期货投资分析报告的写作要求

一、专业规范

期货投资分析报告要有规范、合理的格式，语言要准确、流畅，条理要清晰，结构要合理，逻辑要严谨。报告必须建立在充足、准确的数据基础上，综合运用基本面和技术面等分析方法进行写作，通过对过去行情发展的总结，发现价格运行的规律，利用专业知识及投资经验进行审慎、客观地研判和行情预测。期货投资分析报告的文字表达应该简洁明了，清楚表达本报告的主要内容，让投资者能够快速地理解报告的意义。形成一份科学、完整的研究报告，为投资者作出合理决策提供有价值的参考。

二、客观公正

（一）以数据为依据

期货投资分析报告区别于一般的文体，在于从数据的收集整理中寻找市场运行的动向和规律，并非以主观感情因素的偏好而行文表达。因而，写作分析报告必须以数据为依托进行客观分析。通过对专业数据的跟踪、收集和整理，也能给期货分析师提供市场节奏、行情机会的提示。获得数据可以通过付费购买专业信息机构的数据库、专职人员人工收集整理数据库和计算机程序化获取及汇总数据库等方式。数据来源可以选用路透社、新华社和专业媒体网站的权威数据，收集政府机构和专业部门的定期报告与公开数据。

（二）以市场为主题

结合期货市场实际情况，进行投资分析。在写作报告时，需要结合期货市场实际情况，分析期货投资的可行性，探讨期货投资的可能收益，以及把握投资风险等，从而为投资者提供可靠、有效的分析结论。期货投资分析报告必须尊重市场、客观务实，不能因个人持仓偏好和先入为主的观点而主观取舍数据与资料，更不能人云亦云、随大溜，没有自己的独立见解和客观立场。以市场为准绳，以控制风险为底线，实时跟踪数据并合理修正，不可主观臆想，要尊重市场。

（三）以经验为辅助

期货投资分析报告体现了期货撰写者的综合素质和专业技能，撰写者的从业经验、现货熟悉程度和技术分析功底的不同，运用数据、把握时机、撰写报告的能力也大不相同。撰写者应该在不断完善自我交易技能和分析技能的同时，努力提高自己在专业理论上的造诣，丰富自己在现货实践中的经验和见闻。期货市场上经常会有历史重演，不断积累从业经验、技术分析经验和现货实践经验，形成自己对行情的研判体系，把握好市场的大势观、阶段观和节奏观，是写好期货投资分析报告的基础。

三、目的明确

期货投资分析报告的目的是研究期货市场发展趋势、投资策略分析及风险控制，在写作报告前，重要的是明确报告的目的。写作时要重点突出，避免数据图表的简单堆砌和市场因素的平铺罗列，期货分析报告要求对过去和现在影响行情的因素，按重要程度进行排序，抓住主要影响因素，并进行有侧重的分析，对未来提供合理的预测。对相反观点或重要不确定因素要挑选并加以分析，提醒投资者注意。

四、内容完整

期货投资分析报告的内容一般包括市场行情研究、基本面分析、技术分析、期货投资策略分析等。报告中的每一项内容都应该具有可操作性，有助于投资者更好地了解期货市场，并制定投资策略。

期货投资分析报告的结构一般分为三部分，即内容概述、分析过程和结论性建议。内容概述主要概述本报告的主要内容以及期货投资品种的介绍；分析过程主要是对期货品种进行详细的基本面和技术面分析，对未来价格变动趋势做出合理的判断；结论性建议总结本报告，提出投资者应该采取的投资策略。

期货投资是有风险的，在写作报告时，必须把握投资的风险，提出有效的风险控制策略，以防止投资者陷入经济损失。还要结合投资策略，提出具体的投资建议，为投资者提供有效的投资参考。

五、实训操作

学生通过网络或进入期货公司官网去搜索、下载期货投资研究报告，并对研究报告进行详细阅读，学习期货分析师写作分析报告的方法。例如，进入某期货官网在研发和咨询栏去搜索期货研究报告，并下载阅读。

第二节　期货投资分析报告的写作内容

一、期货品种概述及行情回顾

（一）期货品种概述

期货交易一般都是买卖某一个品种构建的期货合约，投资者在做交易决策前，必须先对期货合约标的物的这个品种要熟悉。那么，我们在写期货分析报告的时候就要把该品种进行比较完整的介绍。期货品种的介绍一般包括以下两部分：

1. 期货合约的基本资料

期货合约的基本资料主要介绍合约的标准化条款。例如，交易单位、报价单位、交易时间等，这部分内容可以简单介绍，一般投资者都会通过交易软件进行查看。

2. 期货合约的产业链资料

期货合约的产业链资料主要分析该品种的用途和分类，并对其上游、中游和下游进行分析。结合其所处产业链位置进一步分析该品种的市场供给状况和特点、需求状况和特点以及进出口状况等。

（二）期货品种行情回顾

期货品种行情回顾主要是结合宏观经济状况介绍该合约过去某一段时间的市场走势，从技术面角度进行行情的总结。除此之外，还要回顾该合约标的物现货过去一段时间的供需状况、库存和进出口状况等信息。只有充分熟悉该品种过去的行情，才能更准确地对其未来的价格走势做出预判。

二、基本面分析

期货投资的基本面分析很重要，基本面分析主要是根据商品的产量、消费量和库存量（或者供需缺口），即根据商品的供给和需求的关系以及影响供求关系变化的因素来预测商品价格走势的分析方法。基本面分析的特点主要是从宏观层面分析价格变动的中长期趋势，研究价格变动的根本原因。

（一）需求供给分析

1. 需求端分析

需求端分析主要从国内消费量、出口量、期末商品结存量这几个层面进行分析。（详见第五章期货投资价格分析的第一节期货基本面分析）

2. 供给端分析

供给端分析主要从前期库存量、当期生产量、当期进口量这几个层面进行分析。（详见第五章期货投资价格分析的第一节期货基本面分析）

（二）经济周期分析

经济周期（Business Cycle）也称为商业周期、景气循环，经济周期一般是指经济活动沿着经济发展的总体趋势所经历的有规律的扩张和收缩。它是国民收入或总体经济活动扩张与紧缩的交替或周期性波动变化。一般把经济周期分为衰退、复苏、繁荣和萧条4个阶段，在经济周期的不同阶段，期货品种的供求和价格具有不同的特征，进而影响期货价格（详见第五章期货投资价格分析的第一节期货基本面分析）。

（三）金融货币因素分析

金融货币因素对期货价格的影响主要表现在货币供应量、利率、汇率等方面。

1. 货币供应量

货币供应量的多少决定商品期货价格的大体走势。当货币供应量增加时，商品价格随之上升，期货价格也会上涨；当货币供应量减少时，商品价格随之下降，期货价格也会下降。总的来说，货币供应量与商品价格呈正比关系。

2. 利率

利率变动对商品期货的影响主要通过影响期货交易商的利息负担这一途径。在进行金融期货价格分析时，利率具有重要的作用。利率的变动会直接影响到金融资产价格。

3. 汇率

世界贸易中绝大部分农产品、主要工业原材料和能源的价格，是根据世界各地相应的期货成交价格确定的，由于汇率的调整，国际商品的价格也会随之上下波动（详见第五章期货投资价格分析的第一节期货基本面分析）。

（四）其他因素分析

其他因素分析主要包括政治因素、自然因素、投资和心理因素。这些因素也会在一定程度上影响期货价格。（详见第五章期货投资价格分析的第一节期货基本面分析）

三、技术面分析

技术面分析法是通过对市场行为本身的分析来预测市场价格的变动方向，即主要是对期货市场的日常交易状态，包括价格变动、交易量与持仓量的变化等资料，按照时间顺序绘制成图形或图表，或形成一定的指标系统，然后针对这些图形、图表或指标系统进行分析研究，以预测期货价格走势的方法。

（一）技术分析法的图形方法

技术分析法的图形方法主要包括K线分析法、支撑线和压力线、趋势线和轨道线、反转突破形态、图表绘制方法等。在写投资报告时，一般只需采用其中的一两种分析方法进行深入分析就可以。（详见第五章期货投资价格分析的第二节期货投资技术分析）

（二）技术分析法的指标方法

技术分析法的指标方法主要包括移动平均线（MA）、相对强弱指标（RSI）、随机指标（KDJ）、人气指标（OBV）、乖离率（BIAS）、心理线（PSY）、平滑异同移动平均线（MACD）、量价分析等。同样在写投资报告时，一般只需采用其中的一两个指标进行深入分析就可以。（详见第五章期货投资价格分析的第二节期货投资技术分析）

四、风险控制分析

在期货交易中，风险控制是非常重要的，它是保证交易者资金安全、防止亏损的关键。期货交易中的风险控制方法，包括头寸控制、止损止盈、交易记录和风险评估等。分析师在写作期货投资报告时应该重点介绍头寸控制、止损止盈的风险控制策略，向投资者表明风险控制的重要性（详见第四章期货交易风险控制的第二节期货交易风险控制策略）。

五、投资建议

投资建议是整个期货分析报告的核心。前面进行的详细分析就是为了给投资者提出客观合理、具有参考价值的投资建议。通过基本面分析和技术分析后，做出自己的交易策略，并有自己的交易心得。在写作报告时，必须把握投资的风险，提出有效的风险控制策略，以防止投资者陷入经济损失。结合投资策略，提出具体的投资建议，为投资者提供有效的投资参考。

六、实训操作

学生掌握期货投资研究报告写作后，从基本面（包括供求，国际国内宏观经济层面、政治、政策层面）、技术面（运用多种技术分析方法）开始写作期货投资分析报告，对不同的投资者（套期保值、投机和套利）提出合理的投资建议，并结合自己的模拟交易总结交易心得。

参考文献

[1] 中国期货业协会 . 期货及衍生品基础 [M]. 3 版 . 北京：中国财政经济出版社，2022.

[2] 赵鹏程 . 证券投资实验教程 [M]. 3 版 . 北京：中国人民大学出版社，2022.

[3] 李国义 . 证券投资实训教程 [M]. 北京：科学出版社，2016.

[4] 徐洪才 . 期货投资学 [M]. 北京：首都经济贸易大学出版社，2019.

[5] 邓小朱，周云洁 . 期货与期权理论、实务、案例 [M]. 2 版 . 北京：中国人民大学出版社，2021.